BIBLIOTHÈQUE
PORTATIVE
DU VOYAGEUR.

IMPRIMERIE DE C. L. F. PANCKOUCKE.

OEUVRES

DE

J. B. POQUELIN
DE MOLIÈRE.

TOME PREMIER.

A PARIS,
CHEZ F. DESOER, LIBRAIRE RUE POUPÉE, N°. 7.
A LIÉGE,
CHEZ J. F. DESOER, IMPRIMEUR-LIBRAIRE.

1815.

AVERTISSEMENT.

On s'est borné, dans cette édition de Molière, à réimprimer tous ses chefs-d'œuvres, et celles de ses autres Comédies qui, sans être au même rang, reparaissent le plus habituellement sur la scène française depuis la mort de cet illustre écrivain, c'est-à-dire depuis près d'un siècle et demi. On n'a pas entendu par là frapper de réprobation aucun de ses ouvrages; on a seulement voulu remplir l'objet que l'on s'est proposé, en destinant cette édition à faire partie de *la Bibliothèque portative du voyageur*. En effet, si l'on y eût inséré Molière tout entier, on eût manqué le but que l'on voulait atteindre. Le nombre des volumes eût été trop considérable; le voyageur qui désire se distraire des ennuis de la route par des lectures, aime assez à n'emporter avec lui que ce qu'il y a de meilleur dans les auteurs qu'il veut lire.

Au surplus, on ose croire que si les Comédies de Molière se réduisaient à celles que l'on donne ici, et que les autres ne fussent pas parvenues jusques à

AVERTISSEMENT.

nous, il n'en serait pas moins cet homme unique que Voltaire regardait comme *la gloire de la France*; qu'il qualifiait de *législateur dans la morale et dans les bienséances du monde*; qu'il appelait *inimitable et divin*; qu'il proclamait *le meilleur des poëtes comiques de toutes les nations*; et à qui, en un mot, il ne faisait aucune difficulté, malgré Boileau, d'adjuger *le prix de son art*.

G****

VIE DE MOLIÈRE,

PAR VOLTAIRE.

LE goût de bien des lecteurs pour les choses frivoles, et l'envie de faire un volume de ce qui ne devrait remplir que peu de pages, sont cause que l'histoire des hommes célèbres est presque toujours gâtée par des détails inutiles et des contes populaires aussi faux qu'insipides. On y ajoute souvent des critiques injustes de leurs ouvrages. C'est ce qui est arrivé dans l'édition de Racine faite à Paris en 1728. On tâchera d'éviter cet écueil dans cette courte histoire de la vie de Molière : on ne dira de sa propre personne que ce qu'on a cru vrai et digne d'être rapporté ; et on ne hasardera sur ses ouvrages rien qui soit contraire au sentiment du public éclairé.

JEAN-BAPTISTE POQUELIN naquit à Paris en 1620, dans une maison qui subsiste encore sous les piliers des halles. Son père, Jean-Baptiste Poquelin, valet de chambre tapissier chez le roi, marchand frippier, et Anne Boutet, sa mère, lui donnèrent une éducation trop conforme à leur état, auquel ils le destinaient : il resta jusqu'à quatorze ans dans leur boutique, n'ayant rien appris, outre son métier, qu'un peu à lire et à écrire. Ses parents obtinrent pour lui la survivance de leur charge chez le roi ; mais son génie l'appelait ailleurs. On a remarqué que presque tous ceux qui se sont fait un nom dans les beaux arts, les ont cultivés malgré leurs parents, et que la nature a toujours été en eux plus forte que l'éducation.

Poquelin avait un grand-père qui aimait la comédie, et qui le menait quelquefois à l'hôtel de Bourgogne. Le jeune homme sentit bientôt une aversion invincible pour sa profession. Son goût pour l'étude se développa; il pressa son grand-père d'obtenir qu'on le mît au collége, et il arracha enfin le consentement de son père, qui le mit dans une pension, et l'envoya externe aux jésuites, avec la répugnance d'un bourgeois qui croyait la fortune de son fils perdue s'il étudiait.

Le jeune Poquelin fit au collége les progrès qu'on devait attendre de son empressement à y entrer. Il y étudia cinq années; il y suivit le cours des classes d'Armand de Bourbon, premier prince de Conti, qui depuis fut le protecteur des lettres et de Molière.

Il y avait alors dans ce collége deux enfans qui eurent depuis beaucoup de réputation dans le monde. C'étaient Chapelle et Bernier : celui-ci, connu par ses voyages aux Indes; et l'autre, célèbre par quelques vers naturels et aisés, qui lui ont fait d'autant plus de réputation, qu'il ne rechercha pas celle d'auteur.

L'Huillier, homme de fortune, prenait un soin singulier de l'éducation du jeune Chapelle, son fils naturel ; et, pour lui donner de l'émulation, il faisait étudier avec lui le jeune Bernier dont les parents étaient mal à leur aise. Au lieu même de donner à son fils naturel un précepteur ordinaire et pris au hasard, comme tant de pères en usent avec un fils légitime qui doit porter leur nom, il engagea le célèbre Gassendi à se charger de l'instruire.

Gassendi ayant démêlé de bonne heure le génie de Poquelin, l'associa aux études de Chapelle et de Bernier. Jamais plus illustre maître n'eut de plus dignes disciples. Il leur enseigna sa philosophie d'Épicure, qui, quoiqu'aussi fausse que les autres, avait au moins plus de méthode et plus de vraisemblance que celle de l'école, et n'en avait pas la barbarie.

Poquelin continua de s'instruire sous Gassendi. Au sortir du collége il reçut de ce philosophe les principes d'une morale plus utile que sa physique, et il s'écarta rarement de ces principes dans le cours de sa vie.

Son père étant devenu infirme et incapable de servir, il fut obligé d'exercer les fonctions de son emploi auprès du roi. Il suivit Louis XIII dans Paris. Sa passion pour la comédie, qui l'avait déterminé à faire ses études, se réveilla avec force.

Le théâtre commençait à fleurir alors : cette partie des belles lettres, si méprisée quand elle est médiocre, contribue à la gloire d'un état quand elle est perfectionnée.

Avant l'année 1625 il n'y avait point de comédiens fixes à Paris. Quelques farceurs allaient, comme en Italie, de ville en ville; ils jouaient les pièces de Hardy, de Montchrétien, ou de Baltazar Baro. Ces auteurs leur vendaient leurs ouvrages dix écus pièce.

Pierre Corneille tira le théâtre de la barbarie et de l'avilissement vers l'année 1630. Ses premières comédies, qui étaient aussi bonnes pour son siècle qu'elles sont mauvaises pour le nôtre, furent cause qu'une troupe de comédiens s'établit à Paris. Bientôt après, la passion du cardinal de Richelieu pour les spectacles mit le goût de la comédie à la mode; et il y avait plus de sociétés particulières qui représentaient alors, que nous n'en voyons aujourd'hui.

Poquelin s'associa avec quelques jeunes gens qui avaient du talent pour la déclamation; ils jouaient au faubourg Saint-Germain et au quartier Saint-Paul. Cette société éclipsa bientôt toutes les autres; on l'appela l'*illustre théâtre*. On voit, par une tragédie de ce temps-là, intitulée *Artaxerce*, d'un nommé Magnon, et imprimée en 1645, qu'elle fut représentée sur l'illustre théâtre.

Ce fut alors que Poquelin, sentant son génie, se résolut de s'y livrer tout entier, d'être à la fois comédien et auteur, et de tirer de ses talents de l'utilité et de la gloire.

On sait que, chez les Athéniens, les auteurs jouaient souvent dans leurs pièces, et qu'ils n'étaient point déshonorés pour parler avec grâce en public devant leurs concitoyens. Il fut plus encouragé par cette idée, que retenu par les préjugés de son siècle. Il prit le nom de *Molière*; et il ne fit, en changeant de nom, que suivre l'exemple des comédiens d'Italie et de ceux de l'hôtel de Bourgogne. L'un, dont le nom de famille était le Grand, s'appelait Belleville dans la tragédie, et Turlupin dans la farce; d'où vient le mot *turlupinade* Hugues Guéret était connu dans les pièces sérieuses sous le nom de Fléchelles; dans la farce il jouait toujours un certain rôle qu'on appelait Gautier-Garguille. De même Arlequin et Scaramouche n'étaient connus que sous ce nom de théâtre. Il y avait déjà eu un comédien appelé Molière, auteur de la tragédie de *Polixène*.

Le nouveau Molière fut ignoré pendant tout le temps que durèrent les guerres civiles en France : il employa ces années à cultiver son talent et à préparer quelques pièces. Il avait fait un recueil de scènes italiennes, dont il faisait de petites comédies pour les provinces. Ces premiers essais très-informes tenaient plus du mauvais théâtre italien où il les avait pris, que de son génie, qui n'avait pas eu encore l'occasion de se développer tout entier. Le génie s'étend et se resserre par tout ce qui nous environne. Il fit donc pour la province le *Docteur amoureux*, les *trois Docteurs rivaux*, le *Maître d'école*, ouvrages dont il ne reste que le titre. Quelques curieux ont conservé deux pièces de Molière dans ce genre : l'une est le *Médecin volant*, et l'autre la *Jalousie de Barbouillé*. Elles sont en prose et écrites en entier. Il y a quelques phrases et quelques incidents de la première qui nous sont conservés dans le *Médecin malgré lui* ; et on trouve dans la *Jalousie de Barbouillé* un canevas, quoiqu'informe, du troisième acte de *George-Dandin*.

La première pièce régulière en cinq actes qu'il composa fut l'*Etourdi*. Il représenta cette comédie à Lyon en 1653. Il y avait dans cette ville une troupe de comédiens de campagne, qui fut abandonnée dès que celle de Molière parut.

Quelques acteurs de cette ancienne troupe se joignirent à Molière ; et il partit de Lyon pour les états de Languedoc avec une troupe assez complète, composée principalement de deux frères, nommés Gros-René, de Duparc, d'un pâtissier de la rue Saint-Honoré, de la Duparc, de la Béjart et de la de Brie.

Le prince de Conti, qui tenait les états de Languedoc à Béziers, se souvint de Molière, qu'il avait vu au collège ; il lui donna une protection distinguée. Il joua devant lui l'*Etourdi*, le *Dépit amoureux*, et les *Précieuses ridicules*.

Cette petite pièce des *Précieuses*, faite en province, prouve assez que son auteur n'avait eu en vue que les ridicules des provinciales ; mais il se trouva depuis que l'ouvrage pouvait corriger et la cour et la ville.

Molière avait alors trente-quatre ans; c'est l'âge où Corneille fit le Cid. Il est bien difficile de réussir avant cet âge dans le genre dramatique, qui exige la connaissance du monde et du cœur humain.

On prétend que le prince de Conti voulut alors faire Molière son secrétaire, et qu'heureusement pour la gloire du théâtre français, Molière eut le courage de préférer son talent à un poste honorable. Si ce fait est vrai, il fait également honneur au prince et au comédien.

Après avoir couru quelque temps toutes les provinces, et avoir joué à Grenoble, à Lyon, à Rouen, il vint enfin à Paris en 1658. Le prince de Conti lui donna accès auprès de Monsieur, frère unique du roi Louis XIV. Monsieur le présenta au roi et à la reine mère. Sa troupe et lui représentèrent la même année, devant leurs majestés, la tragédie de *Nicomède* sur un théâtre élevé par ordre du roi dans la salle des gardes du vieux Louvre.

Il y avait, depuis quelque temps, des comédiens établis à l'hôtel de Bourgogne. Ces comédiens assistèrent au début de la nouvelle troupe. Molière, après la représentation de Nicomède, s'avança sur le bord du théâtre, et prit la liberté de faire au roi un discours par lequel il remerciait sa majesté de son indulgence, et louait adroitement les comédiens de l'hôtel de Bourgogne, dont il devait craindre la jalousie : il finit en demandant la permission de donner une pièce d'un acte qu'il avait jouée en province.

La mode de représenter ces petites farces après de grandes pièces était perdue à l'hôtel de Bourgogne. Le roi agréa l'offre de Molière, et l'on joua dans l'instant le *Docteur amoureux*. Depuis ce temps l'usage a toujours continué de donner ces pièces d'un acte, ou de trois, après les pièces de cinq.

On permit à la troupe de Molière de s'établir à Paris. Ils s'y fixèrent, et partagèrent le théâtre du petit Bourbon avec les comédiens italiens qui en étaient en possession depuis quelques années.

La troupe de Molière jouait sur le théâtre les mardis, les jeudis et les samedis, et les Italiens les autres jours.

La troupe de l'hôtel de Bourgogne ne jouait aussi que trois fois la semaine, excepté lorsqu'il y avait des pièces nouvelles.

Dès-lors la troupe de Molière prit le titre de *la troupe de Monsieur*, qui était son protecteur. Deux ans après, en 1660, il leur accorda la salle du Palais-Royal. Le cardinal de Richelieu l'avait fait bâtir pour la représentation de *Mirame*, tragédie dans laquelle ce ministre avait composé plus de cinq cents vers. Cette salle est aussi mal construite que la pièce pour laquelle elle fut bâtie : et je suis obligé de remarquer, à cette occasion, que nous n'avons aujourd'hui aucun théâtre supportable ; c'est une barbarie gothique que les Italiens nous reprochent avec raison. Les bonnes pièces sont en France, et les belles salles en Italie.

La troupe de Molière eut la jouissance de cette salle jusqu'à la mort de son chef. Elle fut alors accordée à ceux qui eurent le privilége de l'opéra, quoique ce vaisseau fût moins propre encore pour le chant que pour la déclamation.

Depuis l'an 1658 jusqu'en 1673, c'est-à-dire en quinze années de temps, il donna toutes ses pièces, qui sont au nombre de trente. Il voulut jouer dans le tragique, mais il n'y réussit pas; il avait une volubilité dans la voix, et une espèce de hoquet qui ne pouvait convenir au genre sérieux, mais qui rendait son jeu comique plus plaisant. La femme d'un des meilleurs comédiens que nous ayons eus a donné ce portrait-ci de Molière:

« Il n'était ni trop gras ni trop maigre; il avait
« la taille plus grande que petite, le port noble, la
« jambe belle; il marchait gravement, avait l'air
« très-sérieux, le nez gros, la bouche grande, les
« lèvres épaisses, le teint brun, les sourcils noirs et
« forts, et les divers mouvements qu'il leur donnait
« lui rendaient la physionomie extrêmement comi-
« que. A l'égard de son caractère, il était doux, com-
« plaisant, généreux; il aimait fort à haranguer; et
« quand il lisait ses pièces aux comédiens, il vou-
« lait qu'ils y amenassent leurs enfants pour tirer
« des conjectures de leur mouvement naturel. »

Molière se fit dans Paris un très-grand nombre de partisans, et presque autant d'ennemis. Il accoutuma le public, en lui faisant connaître la bonne comédie, à le juger lui-même très-sévèrement. Les mêmes spectateurs, qui applaudissaient aux pièces médiocres des autres auteurs, relevaient les moindres défauts de Molière avec aigreur. Les hommes jugent de nous par l'attente qu'ils en ont conçue ; et le moindre défaut d'un auteur célèbre, joint avec les malignités du public, suffit pour faire tomber un bon ouvrage. Voilà pourquoi *Britannicus* et les *Plaideurs* de M. Racine furent si mal reçus ; voilà pourquoi l'*Avare*, le *Misanthrope*, les *Femmes savantes*, l'*École des Femmes* n'eurent d'abord aucun succès.

Louis XIV, qui avait un goût naturel et l'esprit très-juste, sans l'avoir cultivé, ramena souvent, par son approbation, la cour et la ville aux pièces de Molière. Il eût été plus honorable pour la nation de n'avoir pas besoin des décisions de son maître pour bien juger. Molière eut des ennemis cruels, sur-tout les mauvais auteurs du temps, leurs protecteurs et leurs cabales ; ils suscitèrent contre lui les dévôts ; on lui imputa des livres scandaleux ; on l'accusa d'avoir joué des hommes puissants, tandis qu'il n'avait joué que les vices en général : et il eût succombé sous ces accusations, si ce même roi, qui encouragea et qui soutint Racine et Despréaux, n'eût pas aussi protégé Molière.

Il n'eut, à la vérité, qu'une pension de mille livres, et sa troupe n'en eut qu'une de sept. La fortune qu'il fit, par le succès de ses ouvrages, le mit en état de n'avoir rien de plus à souhaiter : ce qu'il retirait du théâtre, avec ce qu'il avait placé, allait à trente mille livres de rente; somme qui, en ce temps-là, faisait presque le double de la valeur réelle de pareille somme d'aujourd'hui.

Le crédit qu'il avait auprès du roi paraît assez par le canonicat qu'il obtint pour le fils de son médecin. Ce médecin s'appelait Mauvilain. Tout le monde sait qu'étant un jour au dîner du roi : « Vous avez un médecin, dit le roi à Molière; « que vous fait-il? Sire, répondit Molière, nous « causons ensemble : il m'ordonne des remèdes; « je ne les fais point, et je guéris. »

Il faisait de son bien un usage noble et sage : il recevait chez lui les hommes de la meilleure compagnie, les Chapelle, les Jonsac, les Desbarreaux, etc., qui joignaient la volupté et la philosophie. Il avait une maison de campagne à Auteuil, où il se délassait souvent avec eux des fatigues de sa profession, qui sont bien plus grandes qu'on ne pense. Le maréchal de Vivonne, connu par son esprit et par son amitié pour Despréaux, allait souvent chez Molière, et vivait avec lui comme Lélius avec Térence. Le grand Condé exigeait de lui qu'il le vînt voir souvent, et disait qu'il trouvait toujours à apprendre dans sa conversation.

Molière employait une partie de son revenu en libéralités qui allaient beaucoup plus loin que ce qu'on appelle dans d'autres hommes des charités.

Il encourageait souvent par des présents considérables de jeunes auteurs qui marquaient du talent : c'est peut-être à Molière que la France doit Racine. Il engagea le jeune Racine, qui sortait du Port-Royal, à travailler pour le théâtre dès l'âge de dix-neuf ans. Il lui fit composer la tragédie de *Théagène et Chariclée*; et quoique cette pièce fût trop faible pour être jouée, il fit présent au jeune auteur de cent louis, et lui donna le plan des *Frères ennemis*.

Il n'est peut-être pas inutile de dire qu'environ dans le même temps, c'est-à-dire en 1660, Racine ayant fait une ode sur le mariage de Louis XIV, M. Colbert lui envoya cent louis au nom du roi.

Il est très-triste, pour l'honneur des lettres, que Molière et Racine aient été brouillés depuis : de si grands génies, dont l'un avait été le bienfaiteur de l'autre, devaient être toujours amis.

Il éleva et il forma un autre homme qui, par la supériorité de ses talents, et par les dons singuliers qu'il avait reçus de la nature, mérite d'être connu de la postérité. C'était le comédien Baron, qui a été unique dans la tragédie et dans la comédie. Molière en prit soin comme de son propre fils.

Un jour Baron vint lui annoncer qu'un comédien de campagne, que la pauvreté empêchait de se présenter, lui demandait quelque léger secours pour aller joindre sa troupe. Molière, ayant su que c'était un nommé Mondorge, qui avait été son camarade, demanda à Baron combien il croyait qu'il fallait lui donner ; celui-ci répondit au hasard, quatre pistoles. Donnez-lui quatre pistoles pour moi, lui dit Molière ; en voilà vingt qu'il faut que vous lui donniez pour vous. Et il joignit à ce présent celui d'un habit magnifique. Ce sont de petits faits, mais ils peignent le caractère.

Un autre trait mérite plus d'être rapporté. Il venait de donner l'aumône à un pauvre. Un instant après, le pauvre court après lui, et lui dit : Monsieur, vous n'aviez peut-être pas dessein de me donner un louis d'or, je viens vous le rendre. Tiens, mon ami, dit Molière, en voilà un autre. Et il s'écria : Où la vertu va-t-elle se nicher ? Exclamation qui peut faire voir qu'il réfléchissait sur tout ce qui se présentait à lui, et qu'il étudiait par-tout la nature en homme qui la voulait peindre.

Molière, heureux par ses succès et par ses protecteurs, par ses amis et par sa fortune, ne le fut pas dans sa maison. Il avait épousé en 1661 une jeune fille née de la Béjart et d'un gentilhomme nommé Modène. On disait que Molière en était le père : le soin avec lequel on avait répandu cette calomnie fit que plusieurs personnes prirent celui de la réfuter ; on prouva que Molière n'avait connu la mère qu'après la naissance de cette fille.

La disproportion d'âge, et les dangers auxquels une comédienne jeune et belle est exposée, rendirent ce mariage malheureux ; et Molière, tout philosophe qu'il était d'ailleurs, essuya dans son domestique les dégoûts, les amertumes, et quelquefois les ridicules qu'il avait si souvent joués sur le théâtre. Tant il est vrai que les hommes qui sont au-dessus des autres par les talents, s'en rapprochent presque toujours par les faiblesses ! Car pourquoi les talents nous mettraient-ils au-dessus de l'humanité ?

La dernière pièce qu'il composa fut le *Malade imaginaire*. Il y avait quelque temps que sa poitrine était attaquée, et qu'il crachait quelquefois du sang. Le jour de la troisième représentation, il se sentit plus incommodé qu'auparavant : on lui conseilla de ne point jouer; mais il voulut faire un effort sur lui-même ; et cet effort lui coûta la vie.

Il lui prit une convulsion en prononçant *juro* dans le divertissement de la réception du malade imaginaire. On le rapporta mourant chez lui, rue de Richelieu. Il fut assisté quelques moments par deux de ces sœurs religieuses qui viennent quêter à Paris pendant le carême, et qui logeaient chez lui.

Il mourut entre leurs bras, étouffé par le sang qui lui sortait par la bouche, le 17 février 1673, âgé de cinquante-trois ans. Il ne laissa qu'une fille, qui avait beaucoup d'esprit. Sa veuve épousa un comédien nommé Guérin.

Le malheur qu'il avait eu de ne pouvoir mourir avec les secours de la religion, et la prévention contre la comédie, déterminèrent M. de Harlay de Chanvalon, archevêque de Paris, si connu par ses intrigues galantes, à refuser la sépulture à Molière. Le roi le regrettait; et ce monarque, dont il avait été le domestique et le pensionnaire, eut la bonté de prier l'archevêque de Paris de le faire inhumer dans une église. Le curé de saint Eustache, sa paroisse, ne voulut pas s'en charger. La populace, qui ne connaissait dans Molière que le comédien, et qui ignorait qu'il avait été un excellent auteur, un philosophe, un grand homme en son genre, s'attroupa en foule à la porte de sa maison le jour du convoi : sa veuve fut obligée de jeter de l'argent par les fenêtres; et ces misérables, qui auraient, sans savoir pourquoi, troublé l'enterrement, accompagnèrent le corps avec respect.

La difficulté qu'on fit de lui donner la sépulture, et les injustices qu'il avait essuyées pendant sa vie, engagèrent le fameux P. Bouhours à composer cette espèce d'épitaphe qui, de toutes celles qu'on fit pour Molière, est la seule qui mérite d'être rapportée, et la seule qui ne soit pas dans cette fausse et mauvaise histoire qu'on a mise jusqu'ici au-devant de ses ouvrages :

> Tu réformas et la ville et la cour;
> Mais quelle en fut la récompense?
> Les Français rougiront un jour
> De leur peu de reconnaissance.
> Il leur fallut un comédien
> Qui mît à les polir sa gloire et son étude :
> Mais, Molière, à ta gloire il ne manquerait rien,
> Si, parmi les défauts que tu peignis si bien,
> Tu les avais repris de leur ingratitude.

Non-seulement j'ai omis dans cette vie de Molière les contes populaires touchant Chapelle et ses amis, mais je me sens obligé de dire que ces contes, adoptés par Grimarest, sont très-faux. Le feu duc de Sulli, le dernier prince de Vendôme, l'abbé de Chaulieu, qui avaient beaucoup vécu avec Chapelle, m'ont assuré que toutes ces historiettes ne méritaient aucune créance.

L'ÉTOURDI,

OU

LES CONTRE-TEMPS,

COMÉDIE

EN CINQ ACTES.

1653.

PERSONNAGES.

PANDOLFE, père de Lélie.
ANSELME, père d'Hippolyte.
TRUFALDIN, vieillard.
CÉLIE, esclave de Trufaldin.
HIPPOLYTE, fille d'Anselme.
LÉLIE, fils de Pandolfe.
LÉANDRE, fils de famille.
ANDRÈS, cru Egyptien.
MASCARILLE, valet de Lélie.
ERGASTE, ami de Mascarille.
UN COURRIER.
DEUX TROUPES de masques.

La Scène est à Messine, dans une place publique.

L'ÉTOURDI,

ou

LES CONTRE-TEMPS,

COMÉDIE.

ACTE PREMIER.

SCÈNE I.

LÉLIE.

Hé bien ! Léandre, hé bien ! il faudra contester ;
Nous verrons de nous deux qui pourra l'emporter ;
Qui, dans nos soins communs pour ce jeune miracle,
Aux vœux de son rival portera plus d'obstacle.
Préparez vos efforts, et vous défendez bien,
Sûr que de mon côté je n'épargnerai rien.

SCÈNE II.

LÉLIE, MASCARILLE.

LÉLIE.

Ah ! Mascarille !

MASCARILLE.
Quoi?
LÉLIE.
Voici bien des affaires !
J'ai dans ma passion toutes choses contraires :
Léandre aime Célie, et, par un trait fatal,
Malgré mon changement est encor mon rival.
MASCARILLE.
Léandre aime Célie !
LÉLIE.
Il l'adore, te dis-je.
MASCARILLE.
Tant pis.
LÉLIE.
Hé! oui, tant pis! c'est là ce qui m'afflige.
Toutefois j'aurais tort de me désespérer ;
Puisque j'ai ton secours, je dois me rassurer.
Je sais que ton esprit, en intrigues fertile,
N'a jamais rien trouvé qui lui fût difficile ;
Qu'on te peut appeler le roi des serviteurs ;
Et qu'en toute la terre...
MASCARILLE.
Hé ! trêve de douceurs.
Quand nous faisons besoin, nous autres misérables,
Nous sommes les chéris et les incomparables ;
Et dans un autre temps, dès le moindre courroux,
Nous sommes les coquins qu'il faut rouer de coups.
LÉLIE.
Ma foi, tu me fais tort avec cette invective.
Mais enfin discourons de l'aimable captive :

Dis si les plus cruels et plus durs sentiments
Ont rien d'impénétrable à des traits si charmants.
Pour moi, dans ses discours, comme dans son visage,
Je vois pour sa naissance un noble témoignage ;
Et je crois que le ciel dedans un rang si bas
Cache son origine, et ne l'en tire pas.

MASCARILLE.

Vous êtes romanesque avecque vos chimères.
Mais que fera Pandolfe en toutes ces affaires?
C'est, monsieur, votre père, au moins à ce qu'il dit :
Vous savez que sa bile assez souvent s'aigrit,
Qu'il peste contre vous d'une belle manière,
Quand vos déportements lui blessent la visière.
Il est avec Anselme en parole pour vous
Que de son Hippolyte on vous fera l'époux,
S'imaginant que c'est dans le seul mariage
Qu'il pourra rencontrer de quoi vous faire sage ;
Et s'il vient à savoir que, rebutant son choix,
D'un objet inconnu vous recevez les lois,
Que de ce fol amour la fatale puissance
Vous soustrait au devoir de votre obéissance,
Dieu sait quelle tempête alors éclatera,
Et de quels beaux sermons on vous régalera.

LÉLIE.

Ah! trêve, je vous prie, à votre rhétorique.

MASCARILLE.

Mais vous, trêve plutôt à votre politique :
Elle n'est pas fort bonne ; et vous devriez tâcher...

LÉLIE.

Sais-tu qu'on n'acquiert rien de bon à me fâcher,

Que chez moi les avis ont de tristes salaires,
Qu'un valet conseiller y fait mal ses affaires ?
MASCARILLE.
(à part.)   (haut.)
Il se met en courroux. Tout ce que j'en ai dit
N'était rien que pour rire et vous sonder l'esprit.
D'un censeur des plaisirs ai-je fort l'encolure ?
Et Mascarille est-il ennemi de nature ?
Vous savez le contraire, et qu'il est très-certain
Qu'on ne peut me taxer que d'être trop humain.
Moquez-vous des sermons d'un vieux barbon de père;
Poussez votre bidet, vous dis-je; et laissez faire.
Ma foi ! j'en suis d'avis, que ces penards chagrins
Nous viennent étourdir de leurs contes badins,
Et, vertueux par force, espèrent par envie
Oter aux jeunes gens les plaisirs de la vie !
Vous savez mon talent, je m'offre à vous servir.
LÉLIE.
Ah ! c'est par ces discours que tu peux me ravir.
Au reste, mon amour, quand je l'ai fait paraître,
N'a point été mal vu des yeux qui l'ont fait naître.
Mais Léandre, à l'instant, vient de me déclarer
Qu'à me ravir Célie il se va préparer :
C'est pourquoi dépêchons ; et cherche dans ta tête
Les moyens les plus prompts d'en faire ma conquête.
Trouve ruses, détours, fourbes, inventions,
Pour frustrer mon rival de ses prétentions.
MASCARILLE.
Laissez-moi quelque temps rêver à cette affaire.

(*à part.*)
Que pourrais-je inventer pour ce coup nécessaire ?
LÉLIE.
Hé bien ! le stratagême ?
MASCARILLE.
Ah ! comme vous courez !
Ma cervelle toujours marche à pas mesurés.
J'ai trouvé votre fait : il faut... Non, je m'abuse.
Mais si vous alliez...
LÉLIE.
Où ?
MASCARILLE.
C'est une faible ruse.
J'en songeais une..
LÉLIE.
Et quelle ?
MASCARILLE.
Elle n'irait pas bien.
Mais ne pourriez-vous pas... ?
LÉLIE.
Quoi ?
MASCARILLE.
Vous ne pourriez rien.
Parlez avec Anselme.
LÉLIE.
Et que lui puis-je dire ?
MASCARILLE.
Il est vrai, c'est tomber d'un mal dans un pire.
Il faut pourtant l'avoir. Allez chez Trufaldin.

LÉLIE.

Que faire?

MASCARILLE.

Je ne sais.

LÉLIE.

C'en est trop à la fin,
Et tu me mets à bout par ces contes frivoles.

MASCARILLE.

Monsieur, si vous aviez en main force pistoles,
Nous n'aurions pas besoin maintenant de rêver
A chercher les biais que nous devons trouver,
Et pourrions, par un prompt achat de cette esclave,
Empêcher qu'un rival vous prévienne et vous brave.
De ces Egyptiens qui la mirent ici
Trufaldin, qui la garde, est en quelque souci;
Et trouvant son argent qu'ils lui font trop attendre,
Je sais bien qu'il serait très-ravi de la vendre:
Car enfin en vrai ladre il a toujours vécu;
Il se ferait fesser pour moins d'un quart d'écu;
Et l'argent est le dieu que sur-tout il révère.
Mais le mal, c'est...

LÉLIE.

Quoi? c'est...

MASCARILLE.

Que monsieur votre père
Est un autre vilain qui ne vous laisse pas,
Comme vous voudriez bien, manier ses ducats!
Qu'il n'est point de ressort qui, pour votre ressource,
Pût faire maintenant ouvrir la moindre bourse.
Mais tâchons de parler à Célie un moment,

Pour savoir là-dessus quel est son sentiment;
Sa fenêtre est ici.
LÉLIE.
Mais Trufaldin, pour elle,
Fait de jour et de nuit exacte sentinelle.
Prends garde.
MASCARILLE.
Dans ce coin demeurez en repos.
O bonheur! la voilà qui sort tout à propos.

SCÈNE III.
CÉLIE, LÉLIE, MASCARILLE.
LÉLIE.
Ah! que le ciel m'oblige, en offrant à ma vue
Les célestes attraits dont vous êtes pourvue!
Et, quelque mal cuisant que m'aient causé vos yeux,
Que je prends de plaisir à les voir en ces lieux!
CÉLIE.
Mon cœur, qu'avec raison votre discours étonne,
N'entend pas que mes yeux fassent mal à personne;
Et si dans quelque chose ils vous ont outragé,
Je puis vous assurer que c'est sans mon congé.
LÉLIE.
Ah! leurs coups sont trop beaux pour me faire une injure.
Je mets toute ma gloire à chérir leur blessure,
Et...
MASCARILLE.
Vous le prenez-là d'un ton un peu trop haut,
Ce style maintenant n'est pas ce qu'il nous faut.

Profitons mieux du temps, et sachons vite d'elle
Ce que...
   TRUFALDIN, *dans la maison.*
 Célie !
   MASCARILLE, *à Lélie.*
 Hé bien ?
   LÉLIE.
     O rencontre cruelle !
Ce malheureux vieillard devait-il nous troubler ?
   MASCARILLE.
Allez, retirez-vous ; je saurai lui parler.

SCÈNE IV.

TRUFALDIN, CÉLIE, LÉLIE *retiré dans un coin*, MASCARILLE.

   TRUFALDIN, *à Célie.*
Que faites-vous dehors ? et quel soin vous talonne,
Vous à qui je défends de parler à personne ?
   CÉLIE.
Autrefois j'ai connu cet honnête garçon,
Et vous n'avez pas lieu d'en prendre aucun soupçon.
   MASCARILLE.
Est-ce là le seigneur Trufaldin ?
   CÉLIE.
     Oui, lui-même.
   MASCARILLE.
Monsieur, je suis tout vôtre ; et ma joie est extrême
De pouvoir saluer en toute humilité
Un homme dont le nom est par-tout si vanté.

ACTE I, SCÈNE IV.

TRUFALDIN.

Très-humble serviteur.

MASCARILLE.

J'incommode peut-être ;
Mais je l'ai vue ailleurs, où m'ayant fait connaître
Les grands talents qu'elle a pour savoir l'avenir,
Je voulais sur un point un peu l'entretenir.

TRUFALDIN.

Quoi ! te mêlerais-tu d'un peu de diablerie ?

CÉLIE.

Non, tout ce que je sais n'est que blanche magie.

MASCARILLE.

Voici donc ce que c'est. Le maître que je sers
Languit pour un objet qui le tient dans ses fers.
Il aurait bien voulu du feu qui le dévore
Pouvoir entretenir la beauté qu'il adore :
Mais un dragon, veillant sur ce rare trésor,
N'a pu, quoi qu'il ait fait, le lui permettre encor ;
Et, ce qui plus le gêne et le rend misérable,
Il vient de découvrir un rival redoutable :
Si bien que, pour savoir si ses soins amoureux
Ont sujet d'espérer quelque succès heureux,
Je viens vous consulter, sûr que de votre bouche
Je puis apprendre au vrai le secret qui nous touche.

CÉLIE.

Sous quel astre ton maître a-t-il reçu le jour ?

MASCARILLE.

Sous un astre à jamais ne changer son amour.

CÉLIE.

Sans me nommer l'objet pour qui son cœur soupire,

La science que j'ai m'en peut assez instruire.
Cette fille a du cœur, et dans l'adversité
Elle sait conserver une noble fierté :
Elle n'est pas d'humeur à trop faire connaître
Les secrets sentiments qu'en son cœur on fait naître ;
Mais je les sais comme elle, et, d'un esprit plus doux,
Je vais en peu de mots te les découvrir tous.
MASCARILLE.
O merveilleux pouvoir de la vertu magique !
CÉLIE.
Si ton maître en ce point de constance se pique,
Et que la vertu seule anime son dessein,
Qu'il n'appréhende plus de soupirer en vain :
Il a lieu d'espérer ; et le fort qu'il veut prendre
N'est pas sourd aux traités, et voudra bien se rendre.
MASCARILLE.
C'est beaucoup ; mais ce fort dépend d'un gouverneur
Difficile à gagner.
CÉLIE.
C'est là tout le malheur.
MASCARILLE, *à part, regardant Lélie.*
Au diable le fâcheux qui toujours nous éclaire !
CÉLIE.
Je vais vous enseigner ce que vous devez faire.
LÉLIE, *les joignant.*
Cessez, ô Trufaldin, de vous inquiéter ;
C'est par mon ordre seul qu'il vous vient visiter ;
Et je vous l'envoyais, ce serviteur fidèle,
Vous offrir mon service et vous parler pour elle,
Dont je vous veux dans peu payer la liberté,

Pourvu qu'entre nous deux le prix soit arrêté.
MASCARILLE, *à part.*
La peste soit la bête !
TRUFALDIN.
Ho ! ho ! qui des deux croire ?
Ce discours au premier est fort contradictoire.
MASCARILLE.
Monsieur, ce galant homme a le cerveau blessé ;
Ne le savez-vous pas ?
TRUFALDIN.
Je sai ce que je sai.
J'ai crainte ici dessous de quelque manigance.
(*à Célie.*)
Rentrez, et ne prenez jamais cette licence.
Et vous, filous fieffés, ou je me trompe fort,
Mettez, pour me jouer, vos flûtes mieux d'accord.

SCÈNE V.
LÉLIE, MASCARILLE.

MASCARILLE.
C'est bien fait. Je voudrais qu'encor, sans flatterie,
Il nous eût d'un bâton chargés de compagnie.
A quoi bon se montrer, et, comme un étourdi,
Me venir démentir de tout ce que je di ?
LÉLIE.
Je pensais faire bien.
MASCARILLE.
Oui, c'était fort l'entendre.
Mais quoi ! cette action ne me doit point surprendre :
Vous êtes si fertile en pareils contre-temps,

Que vos écarts d'esprit n'étonnent plus les gens.
LÉLIE.
Ah mon dieu ! pour un rien me voilà bien coupable !
Le mal est-il si grand qu'il soit irréparable ?
Enfin, si tu ne mets Célie entre mes mains,
Songe au moins de Léandre à rompre les desseins ;
Qu'il ne puisse acheter avant moi cette belle.
De peur que ma présence encor soit criminelle,
Je te laisse.
MASCARILLE, *seul.*
Fort bien. A dire vrai, l'argent
Serait dans notre affaire un sûr et fort agent :
Mais ce ressort manquant, il faut user d'un autre.

SCÈNE VI.
ANSELME, MASCARILLE.
ANSELME.
Par mon chef, c'est un siècle étrange que le nôtre !
J'en suis confus. Jamais tant d'amour pour le bien,
Et jamais tant de peine à retirer le sien.
Les dettes aujourd'hui, quelque soin qu'on emploie,
Sont comme les enfants, que l'on conçoit en joie,
Et dont avecque peine on fait l'accouchement.
L'argent dans notre bourse entre agréablement ;
Mais le terme venu que nous devons le rendre,
C'est lors que les douleurs commencent à nous prendre.
Baste, ce n'est pas peu que deux mille francs, dus
Depuis deux ans entiers, me soient enfin rendus,
Encore est-ce un bonheur.

ACTE I, SCÈNE VI.

MASCARILLE, *à part les quatre premiers vers.*
     O dieu! la belle proie
A tirer en volant! Chut, il faut que je voie
Si je pourrais un peu de près le caresser :
Je sais bien les discours dont il le faut bercer.
Je viens de voir, Anselme...
ANSELME.
     Et qui?
MASCARILLE.
     Votre Nérine.
ANSELME.
Que dit-elle de moi, cette gente assassine?
MASCARILLE.
Pour vous elle est de flamme...
ANSELME.
     Elle?
MASCARILLE.
     Et vous aime tant,
Que c'est grande pitié.
ANSELME.
     Que tu me rends content!
MASCARILLE.
Peu s'en faut que d'amour la pauvrette ne meure.
Anselme, mon mignon, crie-t-elle à toute heure,
Quand est-ce que l'hymen unira nos deux cœurs,
Et que tu daigneras éteindre mes ardeurs?
ANSELME.
Mais pourquoi jusqu'ici me les avoir celées?
Les filles, par ma foi, sont bien dissimulées!
Mascarille, en effet, qu'en dis-tu? quoique vieux,

J'ai de la mine encore assez pour plaire aux yeux.
MASCARILLE.
Oui, vraiment, ce visage est encor fort mettable,
S'il n'est pas des plus beaux, il est des agréable.
ANSELME.
Si bien donc...?
MASCARILLE *veut prendre la bourse.*
Si bien donc qu'elle est sotte de vous,
Ne vous regarde plus...
ANSELME.
Quoi?
MASCARILLE.
Que comme un époux,
Et vous veut...
ANSELME.
Et me veut...?
MASCARILLE.
Et vous veut, quoi qu'il tienne,
Prendre la bourse...
ANSELME.
La...?
MASCARILLE *prend la bourse et la laisse tomber.*
La bouche avec la sienne.
ANSELME.
Ah! je t'entends. Viens çà : lorsque tu la verras,
Vante-lui mon mérite autant que tu pourras.
MASCARILLE.
Laissez-moi faire.
ANSELME.
Adieu.

ACTE I, SCÈNE VI.

MASCARILLE.
Que le ciel vous conduise !

ANSELME, *revenant*.

Ah ! vraiment, je faisais une étrange sottise,
Et tu pouvais pour toi m'accuser de froideur :
Je t'engage à servir mon amoureuse ardeur,
Je reçois par ta bouche une bonne nouvelle,
Sans du moindre présent récompenser ton zèle !
Tiens, tu te souviendras...

MASCARILLE.
Ah ! non pas, s'il vous plaît.

ANSELME.
Laisse-moi...

MASCARILLE.
Point du tout. J'agis sans intérêt.

ANSELME.
Je le sais ; mais pourtant...

MASCARILLE.
Non, Anselme, vous dis-je,
Je suis homme d'honneur ; cela me désoblige.

ANSELME.
Adieu donc, Mascarille.

MASCARILLE, *à part*.
O longs discours !

ANSELME, *revenant*.
Je veux
Régaler par tes mains cet objet de mes vœux ;
Et je vais te donner de quoi faire pour elle
L'achat de quelque bague, ou telle bagatelle

Que tu trouveras bon.
MASCARILLE.
Non, laissez votre argent:
Sans vous mettre en souci, je ferai le présent;
Et l'on m'a mis en main une bague à la mode,
Qu'après vous payerez, si cela l'accommode.
ANSELME.
Soit; donne-la pour moi : mais sur-tout fais si bien,
Qu'elle garde toujours l'ardeur de me voir sien.

SCÈNE VII.
LÉLIE, ANSELME, MASCARILLE.
LÉLIE, *ramassant la bourse.*
A qui la bourse?
ANSELME.
Ah dieux! elle m'était tombée,
Et j'aurais après cru qu'on me l'eût dérobée!
Je vous suis bien tenu de ce soin obligeant
Qui m'épargne un grand trouble et me rend mon argent.
Je vais m'en décharger au logis tout à l'heure.

SCÈNE VIII.
LÉLIE, MASCARILLE.
MASCARILLE.
C'est être officieux, et très-fort, ou je meure.
LÉLIE.
Ma foi, sans moi l'argent était perdu pour lui.
MASCARILLE.
Certes vous faites rage, et payez aujourd'hui

ACTE I, SCÈNE VIII. 35

D'un jugement très-rare et d'un bonheur extrême :
Nous avancerons fort, continuez de même.
LÉLIE.
Qu'est-ce donc ? Qu'ai-je fait ?
MASCARILLE.
Le sot, en bon françois,
Puisque je puis le dire, et qu'enfin je le dois.
Il sait bien l'impuissance où son père le laisse ;
Qu'un rival, qu'il doit craindre, étrangement nous
    presse ;
Cependant quand je tente un coup pour l'obliger,
Dont je cours moi tout seul la honte et le danger...
LÉLIE.
Quoi ! c'était...?
MASCARILLE.
Oui, bourreau, c'était pour la captive
Que j'attrapais l'argent dont votre soin nous prive.
LÉLIE.
S'il est ainsi, j'ai tort. Mais qui l'eût deviné ?
MASCARILLE.
Il fallait en effet être bien raffiné !
LÉLIE.
Tu me devais par signe avertir de l'affaire.
MASCARILLE.
Oui, je devais au dos avoir mon luminaire.
Au nom de Jupiter, laissez-nous en repos,
Et ne nous chantez plus d'impertinents propos.
Un autre après cela quitterait tout peut-être ;
Mais j'avais médité tantôt un coup de maître,
Dont tout présentement je veux voir les effets,

A la charge que si...
LÉLIE.
Non, je te le promets
De ne me mêler plus de rien dire ou rien faire.
MASCARILLE.
Allez donc : votre vue excite ma colère.
LÉLIE.
Mais surtout hâte-toi, de peur qu'en ce dessein...
MASCARILLE.
Allez, encore un coup; j'y vais mettre la main.
(Lelie sort.)
Menons bien ce projet : la fourbe sera fine,
S'il faut qu'elle succède ainsi que j'imagine.
Allons voir... Bon ! voici mon homme justement.

SCÈNE IX.
PANDOLFE, MASCARILLE.

PANDOLFE.
Mascarille !
MASCARILLE.
Monsieur.
PANDOLFE.
A parler franchement,
Je suis mal satisfait de mon fils.
MASCARILLE.
De mon maître !
Vous n'êtes pas le seul qui se plaigne de l'être :
Sa mauvaise conduite, insupportable en tout,
Met à chaque moment ma patience à bout.

ACTE I, SCÈNE IX.
PANDOLFE.
Je vous croyais pourtant assez d'intelligence
Ensemble.
MASCARILLE.
Moi? Monsieur, perdez cette croyance :
Toujours de son devoir je tâche à l'avertir,
Et l'on nous voit sans cesse avoir maille à partir.
A l'heure même encor nous avons eu querelle
Sur l'hymen d'Hippolyte, où je le vois rebelle,
Où, par l'indignité d'un refus criminel,
Je le vois offenser le respect paternel.
PANDOLFE.
Querelle ?
MASCARILLE.
Oui, querelle, et bien avant poussée.
PANDOLFE.
Je me trompais donc bien, car j'avais la pensée
Qu'à tout ce qu'il faisait tu donnais de l'appui.
MASCARILLE.
Moi? Voyez ce que c'est que du monde aujourd'hui,
Et comme l'innocence est toujours opprimée.
Si mon intégrité vous était confirmée,
Je suis auprès de lui gagé pour serviteur,
Vous me voudriez encor payer pour précepteur :
Oui, vous ne pourriez pas lui dire davantage
Que ce que je lui dis pour le faire être sage.
Monsieur, au nom de Dieu, lui fais-je assez souvent,
Cessez de vous laisser conduire au premier vent :
Réglez-vous : regardez l'honnête homme de père
Que vous avez du ciel, comme on le considère ;

Cessez de lui vouloir donner la mort au cœur,
Et, comme lui, vivez en personne d'honneur.
PANDOLFE.
C'est parler comme il faut. Et que peut-il répondre ?
MASCARILLE.
Répondre ? des chansons dont il me vient confondre.
Ce n'est pas qu'en effet, dans le fond de son cœur,
Il ne tienne de vous des semences d'honneur ;
Mais sa raison n'est pas maintenant sa maîtresse.
Si je pouvais parler avecque hardiesse,
Vous le verriez dans peu soumis sans nul effort.
PANDOLFE.
Parle.
MASCARILLE.
C'est un secret qui m'importerait fort
S'il était découvert : mais à votre prudence
Je puis le confier avec toute assurance.
PANDOLFE.
Tu dis bien.
MASCARILLE.
Sachez donc que vos vœux sont trahis
Par l'amour qu'une esclave imprime à votre fils.
PANDOLFE.
On m'en avait parlé ; mais l'action me touche
De voir que je l'apprenne encore par ta bouche.
MASCARILLE.
Vous voyez si je suis le secret confident...
PANDOLFE.
Vraiment je suis ravi de cela.

ACTE II, SCÈNE IX.
MASCARILLE.
Cependant
A son devoir, sans bruit, désirez-vous le rendre ?
Il faut... J'ai toujours peur qu'on nous vienne sur-
  prendre ;
Ce serait fait de moi, s'il savait ce discours.
Il faut, dis-je, pour rompre à toute chose cours,
Acheter sourdement l'esclave idolâtrée,
Et la faire passer en une autre contrée.
Anselme a grand accès auprès de Trufaldin ;
Qu'il aille l'acheter pour vous dès ce matin :
Après, si vous voulez en mes mains la remettre,
Je connais des marchands et puis bien vous promettre
D'en retirer l'argent qu'elle pourra coûter,
Et, malgré votre fils, de la faire écarter.
Car enfin, si l'on veut qu'à l'hymen il se range,
A cet amour naissant il faut donner le change ;
Et de plus, quand bien même il serait résolu
Qu'il aurait pris le joug que vous avez voulu,
Cet autre objet, pouvant réveiller son caprice,
Au mariage encor peut porter préjudice.
PANDOLFE.
C'est très bien raisonner, ce conseil me plaît fort...
Je vois Anselme ; va, je m'en vais faire effort
Pour avoir promptement cette esclave funeste,
Et la mettre en tes mains pour achever le reste.
MASCARILLE, *seul*.
Bon : allons avertir mon maître de ceci.
Vive la fourberie et les fourbes aussi.

SCÈNE X.

HIPPOLYTE, MASCARILLE.

HIPPOLYTE.

Oui, traître, c'est ainsi que tu me rends service ?
Je viens de tout entendre, et voir ton artifice.
A moins que de cela l'eussai-je soupçonné ?
Tu payes d'imposture, et tu m'en as donné.
Tu m'avais promis, lâche, et je devais m'attendre
Qu'on te verrait servir mes ardeurs pour Léandre ;
Que du choix de Lélie, où l'on veut m'obliger,
Ton adresse et tes soins sauraient me dégager ;
Que tu m'affranchirais du projet de mon père :
Et cependant ici tu fais tout le contraire !
Mais tu t'abuseras : je sais un sûr moyen
Pour rompre cet achat où tu pousses si bien ;
Et je vais de ce pas...

MASCARILLE.

Ah ! que vous êtes prompte !
La mouche tout d'un coup à la tête vous monte,
Et, sans considérer s'il a raison ou non,
Votre esprit contre moi fait le petit démon.
J'ai tort, et je devrais, sans finir mon ouvrage,
Vous faire dire vrai, puisqu'ainsi l'on m'outrage.

HIPPOLYTE.

Par quelle illusion penses-tu m'éblouir ?
Traître, peux-tu nier ce que je viens d'ouir ?

MASCARILLE.

Non. Mais il faut savoir que tout cet artifice
Ne va directement qu'à vous rendre service ;
Que ce conseil adroit, qui semble être sans fard,
Jette dans le panneau l'un et l'autre viellard ;
Que mon soin par leurs mains ne veut avoir Célie
Qu'à dessein de la mettre au pouvoir de Lélie ;
Et faire que l'effet de cette invention
Dans le dernier excès portant sa passion,
Anselme, rebuté de son prétendu gendre,
Puisse tourner son choix du côté de Léandre.

HIPPOLYTE.

Quoi ! tout ce grand projet qui m'a mise en courroux,
Tu l'as formé pour moi, Mascarille !

MASCARILLE.

Oui, pour vous.
Mais puisqu'on reconnaît si mal mes bons offices,
Qu'il me faut de la sorte essuyer vos caprices,
Et que, pour récompense, on s'en vient de hauteur
Me traiter de faquin, de lâche, d'imposteur,
Je m'en vais réparer l'erreur que j'ai commise,
Et, dès ce même pas, rompre mon entreprise.

HIPPOLYTE, *l'arrêtant.*

Hé ! ne me traite pas si rigoureusement,
Et pardonne aux transports d'un premier mouvement !

MASCARILLE.

Non, non, laissez-moi faire ; il est en ma puissance
De détourner le coup qui si fort vous offense.
Vous ne vous plaindrez point de mes soins désormais ;

Oui, vous aurez mon maître, et je vous le promets.
HIPPOLYTE.
Hé ! mon pauvre garçon, que ta colère cesse !
J'ai mal jugé de toi, j'ai tort, je le confesse.
(tirant sa bourse.)
Mais je veux réparer ma faute par ceci.
Pourrais-tu te résoudre à me quitter ainsi ?
MASCARILLE.
Non, je ne le saurais, quelque effort que je fasse :
Mais votre promptitude est de mauvaise grace.
Apprenez qu'il n'est rien qui blesse un noble cœur
Comme quand il peut voir qu'on le touche en l'honneur.
HIPPOLYTE.
Il est vrai, je t'ai dit de trop grosses injures :
Mais que ces deux louis guérissent tes blessures.
MASCARILLE.
Hé ! tout cela n'est rien : je suis tendre à ces coups.
Mais déjà je commence à perdre mon courroux :
Il faut de ses amis endurer quelque chose.
HIPPOLYTE.
Pourras-tu mettre à fin ce que je me propose ?
Et crois-tu que l'effet de tes desseins hardis
Produise à mon amour le succès que tu dis ?
MASCARILLE.
N'ayez point pour ce fait l'esprit sur des épines.
J'ai des ressorts tout prêts pour diverses machines ;
Et quand ce stratagême à nos vœux manquerait,
Ce qu'il ne ferait pas, un autre le ferait.

HIPPOLYTE.
Crois qu'Hippolyte au moins ne sera pas ingrate.
MASCARILLE.
L'espérance du gain n'est pas ce qui me flatte.
HIPPOLYTE.
Ton maître te fait signe, et veut parler à toi.
Je te quitte; mais songe à bien agir pour moi.

SCÈNE XI.
LÉLIE, MASCARILLE.

LÉLIE.
Que diable fais-tu là ? Tu me promets merveille;
Mais ta lenteur d'agir est pour moi sans pareille.
Sans que mon bon génie au devant m'a poussé,
Déjà tout mon bonheur eût été renversé;
C'était fait de mon bien, c'était fait de ma joie;
D'un regret éternel je devenais la proie :
Bref, si je ne me fusse en ce lieu rencontré,
Anselme avait l'esclave, et j'en étais frustré;
Il l'emmenait chez lui. Mais j'ai paré l'atteinte,
J'ai détourné le coup, et tant fait, que, par crainte,
Le pauvre Trufaldin l'a retenue.
MASCARILLE.
Et trois :
Quand nous serons à dix, nous ferons une croix.
C'était par mon adresse, ô cervelle incurable !
Qu'Anselme entreprenait cet achat favorable :
Entre mes propres mains on la devait livrer;
Et vos soins endiablés nous en viennent sévrer.

Et puis pour votre amour je m'emploierais encore!
J'aimerais mieux cent fois être grosse pécore,
Devenir cruche, chou, lanterne, loup-garou,
Et que monsieur Satan vous vint tordre le cou.

LÉLIE, *seul.*

Il nous le faut mener en quelque hôtellerie,
Et faire sur les pots décharger sa furie.

FIN DU PREMIER ACTE.

ACTE SECOND.

SCÈNE I.
LÉLIE, MASCARILLE.

MASCARILLE.

A vos désirs enfin il a fallu se rendre ;
Malgré tous mes serments je n'ai pu m'en défendre,
Et pour vos intérêts, que je voulais laisser,
En de nouveaux périls viens de m'embarrasser.
Je suis ainsi facile ; et si de Mascarille
Madame la nature avait fait une fille,
Je vous laisse à penser ce que ç'aurait été.
Toutefois n'allez pas sur cette sûreté
Donner de vos revers au projet que je tente,
Me faire une bévue et rompre mon attente.
Auprès d'Anselme encor nous vous excuserons,
Pour en pouvoir tirer ce que nous désirons :
Mais si dorénavant votre imprudence éclate,
Adieu, vous dis, mes soins pour l'espoir qui vous
    flatte.

LÉLIE.

Non, je serai prudent, te dis-je ; ne crains rien :
Tu verras seulement...

MASCARILLE.

              Souvenez-vous-en bien ;
J'ai commencé pour vous un hardi stratagême.
Votre père fait voir une paresse extrême
A rendre par sa mort tous vos désirs contents ;

Je viens de le tuer (de parole, j'entends) :
Je fais courir le bruit que d'une apoplexie
Le bon homme surpris a quitté cette vie.
Mais avant, pour pouvoir mieux feindre ce trépas,
J'ai fait que vers sa grange il a porté ses pas :
On est venu lui dire, et par mon artifice,
Que les ouvriers qui sont après son édifice,
Parmi les fondements qu'ils en jettent encor,
Avaient fait par hasard rencontre d'un trésor.
Il a volé d'abord ; et, comme à la campagne
Tout son monde à présent, hors nous deux, l'accompagne,
Dans l'esprit d'un chacun je le tue aujourd'hui,
Et produis un fantôme enseveli pour lui.
Enfin je vous ai dit à quoi je vous engage :
Jouez bien votre rôle. Et pour mon personnage,
Si vous apercevez que j'y manque d'un mot,
Dites absolument que je ne suis qu'un sot.

SCÈNE II.

LÉLIE, *seul.*

Son esprit, il est vrai, trouve une étrange voie
Pour adresser mes vœux au comble de leur joie :
Mais quand d'un bel objet on est bien amoureux,
Que ne ferait-on pas pour devenir heureux ?
Si l'amour est au crime une assez belle excuse,
Il en peut bien servir à la petite ruse
Que sa flamme aujourd'hui me force d'approuver,
Par la douceur du bien qui m'en doit arriver.

Juste ciel ! qu'ils sont prompts ! je les vois en parole.
Allons nous préparer à jouer notre rôle.

SCÈNE III.
ANSELME, MASCARILLE.

MASCARILLE.
La nouvelle a sujet de vous surprendre fort.
ANSELME.
Être mort de la sorte !
MASCARILLE.
Il a, certes, grand tort :
Je lui sais mauvais gré d'une telle incartade.
ANSELME.
N'avoir pas seulement le temps d'être malade !
MASCARILLE.
Non, jamais homme n'eut si hâte de mourir.
ANSELME.
Et Lélie ?
MASCARILLE.
Il se bat, et ne peut rien souffrir ;
Il s'est fait en maint lieu contusion et bosse,
Et veut accompagner son papa dans la fosse :
Enfin, pour achever, l'excès de son transport
M'a fait en grande hâte ensevelir le mort,
De peur que cet objet, qui le rend hypocondre,
A faire un vilain coup ne me l'allât semondre.
ANSELME.
N'importe, tu devais attendre jusqu'au soir ;
Outre qu'encore un coup j'aurais voulu le voir,
Qui tôt ensevelit bien souvent assassine ;

Et tel est cru défunt qui n'en a que la mine.
MASCARILLE.
Je vous le garantis trépassé comme il faut.
Au reste, pour venir au discours de tantôt,
Lélie, et l'action lui sera salutaire,
D'un bel enterrement veut régaler son père,
Et consoler un peu ce défunt de son sort
Par le plaisir de voir faire honneur à sa mort.
Il hérite beaucoup : mais comme en ses affaires
Il se trouve assez neuf et ne voit encor guère,
Que son bien la plupart n'est point en ces quartiers,
Ou que ce qu'il y tient consiste en des papiers,
Il voudrait vous prier, ensuite de l'instance
D'excuser de tantôt son trop de violence,
De lui prêter au moins pour ce dernier devoir...
ANSELME.
Tu me l'as déjà dit ; et je m'en vais le voir.
MASCARILLE, *seul*.
Jusques ici du moins, tout va le mieux du monde.
Tâchons à ce progrès que le reste réponde ;
Et, de peur de trouver dans le port un écueil,
Conduisons le vaisseau de la main et de l'œil.

SCÈNE IV.
ANSELME, LÉLIE, MASCARILLE.
ANSELME.
Sortons ; je ne pourrais qu'avec douleur très-forte
Le voir empaqueté de cette étrange sorte.
Las ! en si peu de temps ! Il vivait ce matin !

ACTE II, SCÈNE IV.

MASCARILLE.
En peu de temps par fois on fait bien du chemin.
LÉLIE, *pleurant.*
Ah !

ANSELME.
Mais quoi, cher Lélie ! enfin il était homme.
On n'a point pour la mort de dispense de Rome.
LÉLIE.
Ah !

ANSELME.
Sans leur dire gare, elle abat les humains,
Et contre eux de tout temps a de mauvais desseins.
LÉLIE.
Ah !

ANSELME.
Ce fier animal, pour toutes les prières,
Ne perdrait pas un coup de ses dents meurtrières.
Tout le monde y passe.
LÉLIE.
Ah !
MASCARILLE.
Vous avez beau prêcher,
Ce deuil enraciné ne se peut arracher.
ANSELME.
Si malgré ces raisons votre ennui persévère,
Mon cher Lélie, au moins, faites qu'il se modère.
LÉLIE.
Ah !

MASCARILLE.
Il n'en fera rien, je connais son humeur.

ANSELME.
Au reste, sur l'avis de votre serviteur,
J'apporte ici l'argent qui vous est nécessaire
Pour faire célébrer les obsèques d'un père.
LÉLIE.
Ah ! ah !
MASCARILLE.
Comme à ce mot s'augmente sa douleur !
Il ne peut, sans mourir, songer à ce malheur.
ANSELME.
Je sais que vous verrez aux papiers du bon homme
Que je suis débiteur d'une plus grande somme :
Mais, quand par ces raisons je ne vous devrais rien,
Vous pourriez librement disposer de mon bien.
Tenez ; je suis tout vôtre, et le ferai paraître.
LÉLIE, *s'en allant.*
Ah !
MASCARILLE.
Le grand déplaisir que sent monsieur mon maître !
ANSELME.
Mascarille, je crois qu'il serait à propos
Qu'il me fît de sa main un reçu de deux mots.
MASCARILLE.
Ah !
ANSELME.
Des évènements l'incertitude est grande.
MASCARILLE.
Ah !
ANSELME.
Faisons-lui signer le mot que je demande.

ACTE II, SCÈNE V.

MASCARILLE.
Las ! en l'état qu'il est, comment vous contenter ?
Donnez-lui le loisir de se désattrister ;
Et quand ses déplaisirs auront quelque allégeance,
J'aurai soin d'en tirer d'abord votre assurance.
Adieu. Je sens mon cœur qui se gonfle d'ennui,
Et m'en vais tout mon soûl pleurer avecque lui.
Hi !

ANSELME, *seul*.
Le monde est rempli de beaucoup de traverses ;
Chaque homme tous les jours en ressent de diverses ;
Et jamais ici bas....

SCÈNE V.
PANDOLFE, ANSELME.

ANSELME.
Ah bons dieux ! je frémi !
Pandolfe qui revient ! Fût-il bien endormi !
Comme depuis sa mort sa face est amaigrie !
Las ! ne m'approchez pas de plus près, je vous prie !
J'ai trop de répugnance à coudoyer un mort.

PANDOLFE.
D'où peut donc provenir ce bizarre transport ?

ANSELME.
Dites-moi de bien loin quel sujet vous amène.
Si pour me dire adieu vous prenez tant de peine,
C'est trop de courtoisie, et véritablement
Je me serais passé de votre compliment.
Si votre ame est en peine et cherche des prières,
Las ! je vous en promets, et ne m'effrayez guères !

Foi d'homme épouvanté, je vais faire à l'instant
Prier tant Dieu pour vous que vous serez content.
  Disparaissez donc, je vous prie;
  Et que le ciel, par sa bonté,
  Comble de joie et de santé
  Votre défunte seigneurie !
  PANDOLFE, *riant.*
Malgré tout mon dépit, il m'y faut prendre part.
  ANSELME.
Las ! pour un trépassé vous êtes bien gaillard !
  PANDOLFE.
Est-ce jeu, dites-nous, ou bien si c'est folie
Qui traite de défunt une personne en vie ?
  ANSELME.
Hélas ! vous êtes mort, et je viens de vous voir....
  PANDOLFE.
Quoi ! j'aurais trépassé sans m'en apercevoir ?
  ANSELME.
Sitôt que Mascarille en a dit la nouvelle,
J'en ai senti dans l'ame une douleur mortelle.
  PANDOLFE.
Mais enfin dormez-vous ? Etes-vous éveillé ?
Me connaissez-vous pas ?
  ANSELME.
    Vous êtes habillé
D'un corps aérien qui contrefait le vôtre,
Mais qui dans un moment peut devenir tout autre.
Je crains fort de vous voir comme un géant grandir,
Et tout votre visage affreusement laidir.
Pour Dieu, ne prenez point de vilaine figure ;

J'ai prou de ma frayeur en cette conjoncture.
PANDOLFE.
En une autre saison, cette naïveté
Dont vous accompagnez votre crédulité,
Anselme, me serait un charmant badinage,
Et j'en prolongerais le plaisir davantage :
Mais, avec cette mort, un trésor supposé,
Dont parmi les chemins on m'a désabusé,
Fomente dans mon ame un soupçon légitime.
Mascarille est un fourbe, et fourbe fourbissime,
Sur qui ne peuvent rien la crainte et les remords,
Et qui pour ses desseins a d'étranges ressorts.
ANSELME.
M'aurait-on joué pièce et fait supercherie ?
Ah ! vraiment, ma raison, vous seriez fort jolie !
Touchons un peu pour voir. En effet, c'est bien lui.
Malepeste du sot que je suis aujourd'hui !
De grâce, n'allez pas divulguer un tel conte ;
On en ferait jouer quelque farce à ma honte.
Mais, Pandolfe, aidez-moi vous-même à retirer
L'argent que j'ai donné pour vous faire enterrer.
PANDOLFE.
De l'argent, dites-vous ? Ah ! voilà l'enclouure !
C'est là le nœud secret de toute l'aventure !
A votre dam. Pour moi, sans me mettre en souci,
Je vais faire informer de cette affaire-ci
Contre ce Mascarille ; et si l'on peut le prendre,
Quoi qu'il puisse coûter, je le veux faire pendre.
ANSELME, *seul*.
Et moi, la bonne dupe à trop croire un vaurien,

Il faut donc qu'aujourd'hui je perde et sens et bien :
Il me sied bien, ma foi, de porter tête grise,
Et d'être encor si prompt à faire une sottise ;
D'examiner si peu sur un premier rapport...
Mais je vois...

SCÈNE VI.

LÉLIE, ANSELME.

LÉLIE.

Maintenant avec ce passeport
Je puis à Trufaldin rendre aisément visite.

ANSELME.

A ce que je puis voir, votre douleur vous quitte ?

LÉLIE.

Que dites-vous ? Jamais elle ne quittera
Un cœur qui chèrement toujours la gardera.

ANSELME.

Je reviens sur mes pas vous dire avec franchise
Que tantôt avec vous j'ai fait une méprise ;
Que parmi ces louis, quoiqu'ils semblent très-beaux,
J'en ai, sans y penser, mêlé que je tiens faux ;
Et j'apporte sur moi de quoi mettre en leur place.
De nos faux monnoyeurs l'insupportable audace
Pullule en cet état d'une telle façon,
Qu'on ne reçoit plus rien qui soit hors de soupçon.
Mon dieu ! qu'on ferait bien de les faire tous pendre !

LÉLIE.

Vous me faites plaisir de les vouloir reprendre :
Mais je n'en ai point vu de faux, comme je croi.

ANSELME.
Je les connaîtrai bien, montrez, montrez-les moi.
Est-ce tout?

LÉLIE.
Oui.

ANSELME.
Tant mieux. Enfin je vous raccroche,
Mon argent bien aimé ; rentrez dedans ma poche.
Et vous, mon brave escroc, vous ne tenez plus rien.
Vous tuez donc des gens qui se portent fort bien?
Et qu'auriez-vous donc fait sur moi chétif beau-père?
Ma foi! je m'engendrais d'une belle manière,
Et j'allais prendre en vous un beau-fils fort discret!
Allez, allez mourir de honte et de regret.

LÉLIE, *seul*.
Il faut dire, j'en tiens. Quelle surprise extrême!
D'où peut-il avoir su sitôt le stratagême?

SCÈNE VII.
LÉLIE, MASCARILLE.

MASCARILLE.
Quoi! vous étiez sorti? Je vous cherchais par-tout.
Hé bien! en sommes-nous enfin venus à bout?
Je le donne en six coups au fourbe le plus brave.
Ça, donnez-moi que j'aille acheter notre esclave;
Votre rival après sera bien étonné.

LÉLIE.
Ah! mon pauvre garçon, la chance a bien tourné!
Pourrais-tu de mon sort deviner l'injustice?

MASCARILLE.

Quoi? que serait-ce?

LÉLIE.

Anselme, instruit de l'artifice,
M'a repris maintenant tout ce qu'il nous prêtait,
Sous couleur de changer de l'or que l'on doutait.

MASCARILLE.

Vous vous moquez peut-être.

LÉLIE.

Il est trop véritable.

MASCARILLE.

Tout de bon?

LÉLIE.

Tout de bon; j'en suis inconsolable.
Tu te vas emporter d'un courroux sans égal.

MASCARILLE.

Moi, monsieur! quelque sot : la colère fait mal;
Et je veux me choyer, quoi qu'enfin il arrive.
Que Célie, après tout, soit ou libre ou captive,
Que Léandre l'achète, ou qu'elle reste là,
Pour moi, je m'en soucie autant que de cela.

LÉLIE.

Ah! n'aye point pour moi si grande indifférence,
Et sois plus indulgent à ce peu d'imprudence!
Sans ce dernier malheur ne m'avoueras-tu pas
Que j'avais fait merveille, et qu'en ce feint trépas
J'éludais un chacun d'un deuil si vraisemblable,
Que les plus clairvoyants l'auraient cru véritable.

ACTE II, SCÈNE VII.

MASCARILLE.

Vous avez en effet sujet de vous louer.

LÉLIE.

Hé bien ! je suis coupable, et je veux l'avouer ;
Mais si jamais mon bien te fut considérable,
Répare ce malheur, et me sois secourable.

MASCARILLE.

Je vous baise les mains ; je n'ai pas le loisir.

LÉLIE.

Mascarille, mon fils !

MASCARILLE.

Point.

LÉLIE.

Fais-moi ce plaisir.

MASCARILLE.

Non, je n'en ferai rien.

LÉLIE.

Si tu m'es inflexible,
Je m'en vais me tuer.

MASCARILLE.

Soit ; il vous est loisible.

LÉLIE.

Je ne te puis fléchir ?

MASCARILLE.

Non.

LÉLIE.

Vois-tu le fer prêt ?

MASCARILLE.

Oui.

LÉLIE.

Je vais le pousser.

MASCARILLE.

Faites ce qu'il vous plaît.

LÉLIE.

Tu n'auras pas regret de m'arracher la vie ?

MASCARILLE.

Non.

LÉLIE.

Adieu, Mascarille.

MASCARILLE.

Adieu, monsieur Lélie.

LÉLIE.

Quoi !

MASCARILLE.

Tuez-vous donc vîte. Ah ! que de longs devis !

LÉLIE.

Tu voudrais bien, ma foi ! pour avoir mes habits,
Que je fisse le sot, et que je me tuasse.

MASCARILLE.

Savais-je pas qu'enfin ce n'etait que grimace ;
Et, quoi que ces esprits jurent d'effectuer,
Qu'on n'est point aujourd'hui si prompt à se tuer !

SCÈNE VIII.

TRUFALDIN, LÉANDRE, LÉLIE, MASCARILLE.

(*Trufaldin parle bas à Léandre, dans le fond du Théâtre.*)

LÉLIE.
Que vois-je ? Mon rival et Trufaldin ensemble !
Il achète Célie. Ah ! de frayeur je tremble !

MASCARILLE.
Il ne faut point douter qu'il fera ce qu'il peut ;
Et, s'il a de l'argent, qu'il pourra ce qu'il veut.
Pour moi, j'en suis ravi. Voilà la récompense
De vos brusques erreurs, de votre impatience.

LÉLIE.
Que dois-je faire ? dis : veuille me conseiller.

MASCARILLE.
Je ne sais.

LÉLIE.
Laisse-moi, je vais le quereller.

MASCARILLE.
Qu'en arrivera-t-il ?

LÉLIE.
Que veux-tu que je fasse
Pour empêcher ce coup ?

MASCARILLE.
Allez, je vous fais grace :
Je jette encore un œil pitoyable sur vous.
Laissez-moi l'observer : par des moyens plus doux

Je vais, comme je crois, savoir ce qu'il projette.
> (*Lélie sort.*)

> TRUFALDIN, *à Léandre.*

Quand on viendra tantôt, c'est une affaire faite.
> (*Trufaldin sort.*)

> MASCARILLE, *à part, en s'en allant.*

Il faut que je l'attrape, et que de ses desseins
Je sois le confident pour mieux les rendre vains.

> LÉANDRE, *seul.*

Grâces au ciel, voilà mon bonheur hors d'atteinte,
J'ai su me l'assurer, et je n'ai plus de crainte.
Quoi que désormais puisse entreprendre un rival,
Il n'est plus en pouvoir de me faire de mal.

SCÈNE IX.
LÉANDRE, MASCARILLE.

MASCARILLE *dit ces deux vers dans la maison, et entre sur le théâtre.*

Aie! aie! à l'aide! au meurtre! au secours! on m'assomme!
Ah! ah! ah! ah! ah! ah! O traître! ô bourreau d'homme!

> LÉANDRE.

D'où procède cela? qu'est-ce? que te fait-on?

> MASCARILLE.

On vient de me donner deux cents coups de bâton.

> LÉANDRE.

Qui?

> MASCARILLE.

Lélie.

ACTE II, SCÈNE IX.

LÉANDRE.

Et pourquoi?

MASCARILLE.

Pour une bagatelle
Il me chasse et me bat d'une façon cruelle.

LÉANDRE.

Ah! vraiment, il a tort!

MASCARILLE.

Mais, ou je ne pourrai,
Ou je jure bien fort que je m'en vengerai.
Oui, je te ferai voir, batteur que Dieu confonde!
Que ce n'est pas pour rien qu'il faut rouer le monde;
Que je suis un valet, mais fort homme d'honneur;
Et qu'après m'avoir eu quatre ans pour serviteur,
Il ne me fallait pas payer en coups de gaules,
Et me faire un affront si sensible aux épaules.
Je te le dis encor, je saurai m'en venger.
Une esclave te plaît, tu voudrais m'engager
A la mettre en tes main ; et je veux faire en sorte
Qu'un autre te l'enlève, ou le diable m'emporte!

LÉANDRE.

Ecoute, Mascarille, et quitte ce transport.
Tu m'a plu de tout temps, et je souhaitais fort
Qu'un garçon comme toi, plein d'esprit et fidèle,
A mon service un jour pût attacher son zèle.
Enfin, si le parti te semble bon pour toi,
Si tu veux me servir, je t'arrête avec moi.

MASCARILLE.

Oui, monsieur, d'autant mieux que le destin propice
M'offre à me bien venger en vous rendant service ;

Et que dans mes efforts pour vos contentements
Je puis à mon brutal trouver des châtiments :
De Célie, en un mot, par mon adresse extrême....

LÉANDRE.

Mon amour s'est rendu cet office lui-même.
Enflammé d'un objet qui n'a point de défaut,
Je viens de l'acheter moins encor qu'il ne vaut.

MASCARILLE.

Quoi ! Célie est à vous ?

LÉANDRE.

Tu la verrais paraître,
Si de mes actions j'étais tout-à-fait maître :
Mais quoi ! mon père l'est ; comme il a volonté,
Ainsi que je l'apprends d'un paquet apporté,
De me déterminer à l'hymen d'Hippolyte,
J'empêche qu'un rapport de tout ceci l'irrite.
Donc avec Trufaldin, car je sors de chez lui,
J'ai voulu tout exprès agir au nom d'autrui ;
Et, l'achat fait, ma bague est la marque choisie
Sur laquelle au premier il doit livrer Célie.
Je songe auparavant à chercher les moyens
D'ôter aux yeux de tous ce qui charme les miens,
A trouver promptement un endroit favorable
Où puisse être en secret cette captive aimable.

MASCARILLE.

Hors de la ville un peu, je puis avec raison
D'un vieux parent que j'ai vous offrir la maison ;
Là vous pourrez la mettre avec toute assurance,
Et de cette action nul n'aura connaissance.

ACTE II, SCÈNE XI.

LÉANDRE.
Oui? Ma foi, tu me fais un plaisir souhaité,
Tiens donc, et va pour moi prendre cette beauté :
Dès que par Trufaldin ma bague sera vue,
Aussitôt en tes mains elle sera rendue,
Et dans cette maison tu me la conduiras...
Quand... Mais chut, Hippolyte est ici sur nos pas.

SCÈNE X.
HIPPOLYTE, LÉANDRE, MASCARILLE.

HIPPOLYTE.
Je dois vous annoncer, Léandre, une nouvelle,
Mais la trouverez-vous agréable, ou cruelle?

LÉANDRE.
Pour en pouvoir juger, et répondre soudain,
Il faudrait la savoir.

HIPPOLYTE.
    Donnez-moi donc la main
Jusqu'au temple; en marchant je pourrai vous l'apprendre.

LÉANDRE, *à Mascarille.*
Va, va-t'en me servir sans davantage attendre.

SCÈNE XI.
MASCARILLE, *seul.*

Oui, je te vais servir d'un plat de ma façon.
Fut-il jamais au monde un plus heureux garçon !
Oh ! que dans un moment Lélie aura de joie !
Sa maîtresse en nos mains tomber par cette voie !
Recevoir tout son bien d'où l'on attend son mal !

Et devenir heureux par la main d'un rival !
Après ce rare exploit, je veux que l'on s'apprête
A me peindre en héros, un laurier sur la tête,
Et qu'au bas du portrait on mette en lettres d'or,
Vivat Mascarillus fourbum imperator!

SCÈNE XII.

TRUFALDIN, MASCARILLE.

MASCARILLE.

Holà !

TRUFALDIN.

Que voulez-vous ?

MASCARILLE.

Cette bague connue
Vous dira le sujet qui cause ma venue.

TRUFALDIN.

Oui, je reconnais bien la bague que voilà.
Je vais quérir l'esclave, arrêtez un peu là.

SCÈNE XIII.

TRUFALDIN, UN COURIER, MASCARILLE.

LE COURIER, *à Trufaldin.*

Seigneur, obligez-moi de m'enseigner un homme...

TRUFALDIN.

Et qui ?

LE COURIER.

Je crois que c'est Trufaldin qu'il se nomme.

TRUFALDIN.

Et que lui voulez-vous ? Vous le voyez ici.

ACTE II, SCÈNE XIII.

LE COURIER.

Lui rendre seulement la lettre que voici.

TRUFALDIN *lit*.

« Le ciel, dont la bonté prend souci de ma vie,
« Vient de me faire ouïr, par un bruit assez doux,
« Que ma fille, à quatre ans par des voleurs ravie,
« Sous le nom de Célie est esclave chez vous.
« Si vous sûtes jamais ce que c'est qu'être père,
« Et vous trouvez sensible aux tendresses du sang,
« Conservez-moi chez vous cette fille si chère,
« Comme si de la vôtre elle tenait le rang.
 « Pour l'aller retirer je pars d'ici moi-même,
« Et vous vais de vos soins recompenser si bien,
« Que par votre bonheur, que je veux rendre extrême,
« Vous bénirez le jour où vous causez le mien. »

De Madrid.   Don PEDRO DE GUSMAN,
marquis de MONTALCANE.

(*Il continue.*)

Quoiqu'à leur nation bien peu de foi soit due,
Ils me l'avaient bien dit, ceux qui me l'ont vendue,
Que je verrais dans peu quelqu'un la retirer,
Et que je n'aurais pas sujet d'en murmurer :
Et cependant j'allais, dans mon impatience,
Perdre aujourd'hui les fruits d'une haute espérance.

(*au courier.*)

Un seul moment plus tard tous vos pas étaient vains,
J'allais mettre à l'instant cette fille en ses mains :
Mais suffit ; j'en aurai tout le soin qu'on désire.

(*Le courier sort.*)

L'ÉTOURDI.

(*à Mascarille.*)
Vous-même vous voyez ce que je viens de lire.
Vous direz à celui qui vous a fait venir
Que je ne lui saurais ma parole tenir ;
Qu'il vienne retirer son argent.

MASCARILLE.
Mais l'outrage
Que vous lui faites...

TRUFALDIN.
Va, sans causer davantage.

MASCARILLE, *seul*.
Ah ! le fâcheux paquet que nous venons d'avoir !
Le sort a bien donné la baie à mon espoir ;
Et bien à la male-heure est-il venu d'Espagne
Ce courier, que la foudre ou la grêle accompagne !
Jamais, certes, jamais, plus beau commencement
N'eut en si peu de temps plus triste événement.

SCÈNE XIV.
LÉLIE, *riant*; MASCARILLE.

MASCARILLE.
Quel beau transport de joie à présent vous inspire ?

LÉLIE.
Laisse-m'en rire encore avant que te le dire.

MASCARILLE.
Çà, rions donc bien fort, nous en avons sujet.

LÉLIE.
Ah ! je ne serai plus de tes plaintes l'objet :
Tu ne me diras plus, toi qui toujours me cries,
Que je gâte en brouillon toutes tes fourberies.

J'ai bien joué moi-même un tour des plus adroits.
Il est vrai, je suis prompt, et m'emporte par fois:
Mais pourtant, quand je veux, j'ai l'imaginative
Aussi bonne, en effet, que personne qui vive;
Et toi-même avoueras que ce que j'ai fait part
D'une pointe d'esprit où peu de monde a part.

MASCARILLE.

Sachons donc ce qu'a fait cette imaginative.

LÉLIE.

Tantôt, l'esprit ému d'une frayeur bien vive
D'avoir vu Trufaldin avecque mon rival,
Je songeais à trouver un remède à ce mal;
Lorsque, me ramassant tout entier en moi-même,
J'ai conçu, dirigé, produit un stratagême
Devant qui tous les tiens, dont tu fais tant de cas,
Doivent, sans contredit, mettre pavillon bas.

MASCARILLE.

Mais qu'est-ce?

LÉLIE.

Ah! s'il te plaît, donne-toi patience.
J'ai donc feint une lettre avecque diligence,
Comme d'un grand seigneur écrite à Trufaldin,
Qui mande qu'ayant su, par un heureux destin,
Qu'une esclave qu'il tient sous le nom de Célie
Est sa fille, autrefois par des voleurs ravie,
Il veut la venir prendre, et le conjure au moins
De la garder toujours, de lui rendre des soins;
Qu'à ce sujet il part d'Espagne, et doit pour elle
Par de si grands présents reconnaître son zèle,
Qu'il n'aura point regret de causer son bonheur.

MASCARILLE.

Fort bien.

LÉLIE.

Ecoute donc ; voici bien le meilleur.
La lettre que je dis a donc été remise.
Mais sais-tu bien comment ? En saison si bien prise,
Que le porteur m'a dit que, sans ce trait falot,
Un homme l'emmenait, qui s'est trouvé fort sot.

MASCARILLE.

Vous avez fait ce coup sans vous donner au diable ?

LÉLIE.

Oui. D'un tour si subtil m'aurais-tu cru capable ?
Loue au moins mon adresse, et la dextérité
Dont je romps d'un rival le dessein concerté.

MASCARILLE.

A vous pouvoir louer selon votre mérite
Je manque d'éloquence, et ma force est petite.
Oui, pour bien étaler cet effort relevé,
Ce bel exploit de guerre à nos yeux achevé,
Ce grand et rare effet d'une imaginative
Qui ne cède en vigueur à personne qui vive,
Ma langue est impuissante, et je voudrais avoir
Celles de tous les gens du plus exquis savoir,
Pour vous dire en beaux vers, ou bien en docte prose,
Que vous serez toujours, quoi que l'on se propose,
Tout ce que vous avez été durant vos jours ;
C'est-à-dire un esprit chaussé tout à rebours,
Une raison malade et toujours en débauche,
Un envers du bon sens, un jugement à gauche,
Un brouillon, une bête, un brusque, un étourdi,

Que sais-je ? un... cent fois plus encor que je ne di.
C'est faire en abrégé votre panégyrique.
LÉLIE.
Apprends-moi le sujet qui contre moi te pique.
Ai-je fait quelque chose ? éclaircis-moi ce point.
MASCARILLE.
Non, vous n'avez rien fait. Mais ne me suivez point.
LÉLIE.
Je te suivrai par-tout pour savoir ce mystère.
MASCARILLE.
Oui ! Sus donc, préparez vos jambes à bien faire ;
Car je vais vous donner de quoi les exercer.
LÉLIE, *seul*.
Il m'échappe. O malheur qui ne se peut forcer !
Au discours qu'il m'a fait que saurais-je comprendre ?
Et quel mauvais office aurais-je pu me rendre ?

FIN DU SECOND ACTE.

ACTE TROISIÈME.

SCÈNE I.

MASCARILLE.

Taisez-vous, ma bonté, cessez votre entretien,
Vous êtes une sotte et je n'en ferai rien.
Oui, vous avez raison, mon courroux, je l'avoue;
Relier tant de fois ce qu'un brouillon dénoue,
C'est trop de patience; et je dois en sortir,
Après de si beaux coups qu'il a su divertir.
Mais aussi raisonnons un peu sans violence.
Si je suis maintenant ma juste impatience,
On dira que je cède à la difficulté,
Que je me trouve à bout de ma subtilité.
Et que deviendra lors cette publique estime
Qui te vante par-tout pour un fourbe sublime,
Et que tu t'es acquise en tant d'occasions
A ne t'être jamais vu court d'inventions?
L'honneur, ô Mascarille, est une belle chose!
A tes nobles travaux ne fais aucune pause;
Et quoi qu'un maître ait fait pour te faire enrager,
Achève pour ta gloire, et non pour l'obliger.
Mais quoi! que feras-tu que de l'eau toute claire?
Traversé sans repos par ce démon contraire,
Tu vois qu'à chaque instant il te fait déchanter,

Et que c'est battre l'eau de prétendre arrêter
Ce torrent effréné qui de tes artifices
Renverse en un moment les plus beaux édifices.
Hé bien! pour toute grâce, encore un coup du moins,
Au hasard du succès sacrifions des soins;
Et s'il poursuit encore à rompre notre chance,
J'y consens, ôtons-lui toute notre assistance.
Cependant notre affaire encor n'irait pas mal,
Si par-là nous pouvions perdre notre rival,
Et que Léandre enfin, lassé de sa poursuite,
Nous laissât jour entier pour ce que je médite.
Oui, je roule en ma tête un trait ingénieux,
Dont je promettrais bien un succès glorieux,
Si je puis n'avoir plus cet obstacle à combattre.
Bon : voyons si son feu se rend opiniâtre.

SCÈNE II.
LÉANDRE, MASCARILLE.

MASCARILLE.

Monsieur, j'ai perdu temps : votre homme se dédit.

LÉANDRE.

De la chose lui-même il m'a fait le récit :
Mais c'est bien plus ; j'ai su que tout ce beau mystère
D'un rapt d'Egyptiens, d'un grand seigneur pour père
Qui doit partir d'Espagne et venir en ces lieux,
N'est qu'un pur stratagême, un trait facétieux,
Une histoire à plaisir, un conte dont Lélie
A voulu détourner notre achat de Célie.

MASCARILLE.

Voyez un peu la fourbe!

LÉANDRE.
Et pourtant Trufaldin
Est si bien imprimé de ce conte badin,
Mord si bien à l'appât de cette faible ruse,
Qu'il ne veut point souffrir que l'on le désabuse.
MASCARILLE.
C'est pourquoi désormais il la gardera bien,
Et je ne vois pas lieu d'y prétendre plus rien.
LÉANDRE.
Si d'abord à mes yeux elle parut aimable,
Je viens de la trouver tout-à-fait adorable;
Et je suis en suspens si, pour me l'acquérir,
Aux extrêmes moyens je ne dois point courir,
Par le don de ma foi rompre sa destinée,
Et changer ses liens en ceux de l'hyménée.
MASCARILLE.
Vous pourriez l'épouser?
LÉANDRE.
Je ne sais : mais enfin,
Si quelque obscurité se trouve en son destin,
Sa grâce et sa vertu sont de douces amorces
Qui, pour tirer les cœurs, ont d'incroyables forces.
MASCARILLE.
Sa vertu, dites-vous?
LÉANDRE.
Quoi? que murmures-tu?
Achève, explique-toi sur ce mot de vertu.
MASCARILLE.
Monsieur, votre visage en un moment s'altère,
Et je ferai bien mieux peut-être de me taire.

ACTE III, SCÈNE II.

LÉANDRE.

Non, non, parle.

MASCARILLE.

Hé bien donc, très-charitablement
Je vous veux retirer de votre aveuglement.
Cette fille...

LÉANDRE.

Poursuis.

MASCARILLE.

N'est rien moins qu'inhumaine ;
Dans le particulier elle oblige sans peine ;
Et son cœur, croyez-moi, n'est point roche après tout
A quiconque la sait prendre par le bon bout :
Elle fait la sucrée, et veut passer pour prude.
Mais je puis en parler avecque certitude :
Vous savez que je suis quelque peu du métier
A me devoir connaître en un pareil gibier.

LÉANDRE.

Célie !....

MASCARILLE.

Oui, sa pudeur n'est que franche grimace,
Qu'une ombre de vertu qui garde mal la place,
Et qui s'évanouit, comme l'on peut savoir,
Aux rayons du soleil qu'une bourse fait voir.

LÉANDRE.

Las ! que dis-tu ? Croirai-je un discours de la sorte ?

MASCARILLE.

Monsieur, les volontés sont libres ; que m'importe ?
Non, ne me croyez pas, suivez votre dessein :
Prenez cette matoise, et lui donnez la main ;

Toute la ville en corps reconnaîtra ce zèle,
Et vous épouserez le bien public en elle.
####### LÉANDRE.
Quelle surprise étrange !
######## MASCARILLE, *à part.*
Il a pris l'hameçon.
Courage ! s'il se peut enferrer tout de bon,
Nous nous ôtons du pied une fâcheuse épine.
####### LÉANDRE.
Oui, d'un coup étonnant ce discours m'assassine.
####### MASCARILLE.
Quoi ! vous pourriez...?
####### LÉANDRE.
Va-t-en jusqu'à la poste et voi
Je ne sais quel paquet qui doit venir pour moi.
(*seul, après avoir rêvé.*)
Qui ne s'y fût trompé ? Jamais l'air d'un visage,
Si ce qu'il dit est vrai, n'imposa davantage.

SCÈNE III.
LÉLIE, LÉANDRE.

####### LÉLIE.
Du chagrin qui vous tient quel peut être l'objet ?
####### LÉANDRE.
Moi ?
####### LÉLIE.
Vous-même.
####### LÉANDRE,
Pourtant je n'en ai point sujet.

ACTE III, SCÈNE III.

LÉLIE.
Je vois bien ce que c'est, Célie en est la cause.
LÉANDRE.
Mon esprit ne court pas après si peu de chose.
LÉLIE.
Pour elle vous aviez pourtant de grands desseins :
Mais il faut dire ainsi, lorsqu'ils se trouvent vains.
LÉANDRE.
Si j'étais assez sot pour chérir ses caresses,
Je me moquerais bien de toutes vos finesses.
LÉLIE.
Quelles finesses donc?
LÉANDRE.
            Mon dieu! nous savons tout.
LÉLIE.
Quoi?
LÉANDRE.
    Votre procédé de l'un à l'autre bout.
LÉLIE.
C'est de l'hébreu pour moi, je n'y puis rien comprendre.
LÉANDRE.
Feignez, si vous voulez, de ne me pas entendre ;
Mais, croyez-moi, cessez de craindre pour un bien
Où je serais fâché de vous disputer rien.
J'aime fort la beauté qui n'est point profanée,
Et ne veux point brûler pour une abandonnée.
LÉLIE.
Tout beau, tout beau, Léandre !

LÉANDRE.
Ah ! que vous êtes bon !
Allez, vous dis-je encor, servez-la sans soupçon ;
Vous pourrez vous nommer homme à bonnes fortunes.
Il est vrai, sa beauté n'est pas des plus communes ;
Mais en revanche aussi le reste est fort commun.

LÉLIE.
Léandre, arrêtez-là ce discours importun.
Contre moi tant d'efforts qu'il vous plaira pour elle,
Mais surtout retenez cette atteinte mortelle.
Sachez que je m'impute à trop de lâcheté
D'entendre mal parler de ma divinité,
Et que j'aurai toujours bien moins de répugnance
A souffrir votre amour qu'un discours qui l'offense.

LÉANDRE.
Ce que j'avance ici me vient de bonne part.

LÉLIE.
Quiconque vous l'a dit est un lâche, un pendard.
On ne peut imposer de tache à cette fille,
Je connais bien son cœur.

LÉANDRE.
Mais enfin Mascarille
D'un semblable procès est juge compétent ;
C'est lui qui la condamne.

LÉLIE.
Oui !

LÉANDRE.
Lui-même.

LÉLIE.
　　　　　　　　　　　　　　　　Il prétend
D'une fille d'honneur insolemment médire,
Et que peut-être encor je n'en ferai que rire?
Gage qu'il se dédit.
　　　　　　LÉANDRE.
　　　　　　　Et moi, gage que non.
　　　　　　　LÉLIE.
Parbleu! je le ferais mourir sous le bâton,
S'il m'avait soutenu des faussetés pareilles.
　　　　　　LÉANDRE.
Moi, je lui couperais sur-le-champ les oreilles,
S'il n'était pas garant de tout ce qu'il m'a dit.

SCÈNE IV.
LÉLIE, LÉANDRE, MASCARILLE.
　　　　　　　LÉLIE.
Ah! bon, bon, le voilà! Venez çà, chien maudit.
　　　　　　MASCARILLE.
Quoi?
　　　　　　　LÉLIE.
　　Langue de serpent fertile en impostures,
Vous osez sur Célie attacher vos morsures,
Et lui calomnier la plus rare vertu
Qui puisse faire éclat sous un sort abattu?
　　　　　MASCARILLE, *bas à Lélie.*
Doucement; ce discours est de mon industrie.
　　　　　　　LÉLIE.
Non, non, point de clin d'œil et point de raillerie:
Je suis aveugle à tout, sourd à quoi que ce soit;

Fût-ce mon propre frère, il me la payeroit ;
Et sur ce que j'adore oser porter le blâme,
C'est me faire une plaie au plus tendre de l'ame.
Tous ses signes sont vains. Quels discours as-tu
    faits ?
MASCARILLE.
Mon dieu! ne cherchons point querelle, ou je m'en
    vais.
LÉLIE.
Tu n'échapperas pas.
MASCARILLE.
Ahi !
LÉLIE.
Parle donc, confesse.
MASCARILLE, *bas à Lélie.*
Laissez-moi ; je vous dis que c'est un tour d'adresse.
LÉLIE.
Dépêche, qu'as-tu dit ? vide entre nous ce point.
MASCARILLE, *bas à Lélie.*
J'ai dit ce que j'ai dit : ne vous emportez point.
LÉLIE, *mettant l'épée à la main.*
Ah ! je vous ferai bien parler d'une autre sorte.
LÉANDRE, *l'arrêtant.*
Alte un peu ; retenez l'ardeur qui vous emporte.
MASCARILLE, *à part.*
Fut-il jamais au monde un esprit moins sensé ?
LÉLIE.
Laissez-moi contenter mon courage offensé.
LÉANDRE.
C'est trop que de vouloir le battre en ma présence.

ACTE III, SCÈNE IV.

LÉLIE.
Quoi! châtier mes gens n'est pas en ma puissance?

LÉANDRE.
Comment vos gens?

MASCARILLE, *à part.*
Encore! il va tout découvrir.

LÉLIE.
Quand j'aurais volonté de le battre à mourir,
Hé bien! c'est mon valet.

LÉANDRE.
C'est maintenant le nôtre.

LÉLIE.
Le trait est admirable! Et comment donc le vôtre?

LÉANDRE.
Sans doute.

MASCARILLE, *bas à Lélie.*
Doucement.

LÉLIE.
Hem, que veux-tu conter?

MASCARILLE, *à part.*
Ah! le double bourreau, qui me va tout gâter,
Et qui ne comprend rien, quelque signe qu'on donne!

LÉLIE.
Vous rêvez bien, Léandre, et me la baillez bonne.
Il n'est pas mon valet?

LÉANDRE.
Pour quelque mal commis,
Hors de votre service il n'a pas été mis?

LÉLIE.
Je ne sais ce que c'est.

LÉANDRE.
Et, plein de violence,
Vous n'avez pas chargé son dos avec outrance ?
LÉLIE.
Point du tout. Moi, l'avoir chassé, roué de coups ?
Vous vous moquez de moi, Léandre, ou lui de vous.
MASCARILLE, *à part.*
Pousse, pousse, bourreau, tu fais bien tes affaires.
LÉANDRE, *à Mascarille.*
Donc les coups de bâton ne sont qu'imaginaires !
MASCARILLE.
Il ne sait ce qu'il dit ; sa mémoire...
LÉANDRE.
Non, non,
Tous ces signes pour toi ne disent rien de bon.
Oui, d'un tour délicat mon esprit te soupçonne ;
Mais pour l'invention, va, je te le pardonne.
C'est bien assez pour moi qu'il m'ait désabusé,
De voir par quels motifs tu m'avais imposé,
Et que, m'étant commis à ton zèle hypocrite,
A si bon compte encor je m'en sois trouvé quitte.
Ceci doit s'appeler *un avis au lecteur.*
Adieu, Lélie, adieu ; très-humble serviteur.

SCÈNE V.

LÉLIE, MASCARILLE.

MASCARILLE.
Courage, mon garçon ! tout heur nous accompagne ;
Mettons flamberge au vent, et bravoure en campagne ;

Faisons *l'Olibrius*, *l'occisseur d'innocents*.
LÉLIE.
Il t'avait accusé de discours médisants
Contre...

MASCARILLE.
   Et vous ne pouviez souffrir mon artifice,
Lui laisser son erreur, qui vous rendait service,
Et par qui son amour s'en était presque allé?
Non, il a l'esprit franc et point dissimulé.
Enfin chez son rival je m'ancre avec adresse,
Cette fourbe en mes mains va mettre sa maîtresse:
Il me la fait manquer. Avec de faux rapports
Je veux de son rival ralentir les transports:
Mon brave incontinent vient, qui le désabuse.
J'ai beau lui faire signe et montrer que c'est ruse:
Point d'affaire; il poursuit sa pointe jusqu'au bout,
Et n'est point satisfait qu'il n'ait découvert tout.
Grand et sublime effort d'une imaginative
Qui ne le cède point à personne qui vive!
C'est une rare pièce, et digne, sur ma foi,
Qu'on en fasse présent au cabinet d'un roi.

LÉLIE.
Je ne m'étonne pas si je romps tes attentes;
A moins d'être informé des choses que tu tentes,
J'en ferais encore cent de la sorte.

MASCARILLE.
       Tant pis.
LÉLIE.
Au moins, pour t'emporter à de justes dépits,

Fais-moi dans tes desseins entrer de quelque chose:
Mais que de leurs ressorts la porte me soit close,
C'est ce qui fait toujours que je suis pris sans verd.

MASCARILLE.

Ah ! voilà tout le mal. C'est cela qui nous perd.
Ma foi, mon cher patron, je vous le dis encore,
Vous ne serez jamais qu'une pauvre pécore.

LÉLIE.

Puisque la chose est faite, il n'y faut plus penser.
Mon rival, en tout cas, ne peut me traverser ;
Et pourvu que tes soins, en qui je me repose...

MASCARILLE.

Laissons là ce discours, et parlons d'autre chose.
Je ne m'appaise pas, non, si facilement ;
Je suis trop en colère. Il faut premièrement
Me rendre un bon office ; et nous verrons ensuite
Si je dois de vos feux reprendre la conduite.

LÉLIE.

S'il ne tient qu'à cela, je n'y résiste pas.
As-tu besoin, dis-moi, de mon sang, de mon bras ?

MASCARILLE.

De quelle vision sa cervelle est frappée !
Vous êtes de l'humeur de ces amis d'épée
Que l'on trouve toujours plus prompts à dégaîner
Qu'à tirer un teston, s'il fallait le donner.

LÉLIE.

Que puis-je donc pour toi ?

MASCARILLE.

C'est que de votre père

Il faut absolument appaiser la colère.
LÉLIE.
Nous avons fait la paix.
MASCARILLE.
Oui, mais non pas pour nous.
Je l'ai fait ce matin mort pour l'amour de vous :
La vision le choque ; et de pareilles feintes
Aux vieillards comme lui sont de dures atteintes,
Qui, sur l'état prochain de leur condition,
Leur font faire à regret triste réflexion.
Le bon homme, tout vieux, chérit fort la lumière,
Et ne veut point de jeu dessus cette matière ;
Il craint le pronostic ; et, contre moi fâché,
On m'a dit qu'en justice il m'avait recherché.
J'ai peur, si le logis du roi fait ma demeure,
De m'y trouver si bien dès le premier quart d'heure,
Que j'aye peine aussi d'en sortir par après.
Contre moi dès long-temps on a force décrets ;
Car enfin la vertu n'est jamais sans envie,
Et dans ce maudit siècle est toujours poursuivie.
Allez donc le fléchir.
LÉLIE.
Oui, nous le fléchirons ;
Mais aussi tu promets...
MASCARILLE.
Ah mon dieu ! nous verrons.
(*Lélie sort*).
Ma foi, prenons haleine après tant de fatigues.
Cessons pour quelque temps le cours de nos intrigues
Et de nous tourmenter de même qu'un lutin.

Léandre pour nous nuire est hors de garde enfin,
Et Célie arrêtée avecque l'artifice.

SCÈNE VI.
ERGASTE, MASCARILLE.

ERGASTE.

Je te cherchais par-tout pour te rendre un service,
Pour te donner avis d'un secret important.

MASCARILLE.

Quoi donc?

ERGASTE.

N'avons-nous point ici quelque écoutant?

MASCARILLE.

Non.

ERGASTE.

Nous sommes amis autant qu'on le peut être :
Je sais tous tes desseins et l'amour de ton maître;
Songez à vous tantôt. Léandre fait parti
Pour enlever Célie; et je suis averti
Qu'il a mis ordre à tout, et qu'il se persuade
D'entrer chez Trufaldin par une mascarade,
Ayant su qu'en ce temps, assez souvent, le soir,
Des femmes du quartier en masques l'allaient voir.

MASCARILLE.

Oui? Suffit.; il n'est pas au comble de sa joie :
Je pourrai bien tantôt lui souffler cette proie;
Et contre cet assaut je sais un coup fourré
Par qui je veux qu'il soit de lui-même enferré.
Il ne sait pas les dons dont mon ame est pourvue.
Adieu; nous boirons pinte à la première vue.

SCÈNE VII.

MASCARILLE, seul.

Il faut, il faut tirer à nous ce que d'heureux
Pourrait avoir en soi ce projet amoureux,
Et, par une surprise adroite et non commune,
Sans courir le danger, en tenter la fortune.
Si je vais me masquer pour devancer ses pas,
Léandre assurément ne nous bravera pas;
Et là, premier que lui, si nous faisons la prise,
Il aura fait pour nous les frais de l'entreprise,
Puisque, par son dessein déjà presque éventé,
Le soupçon tombera toujours de son côté,
Et que nous, à couvert de toutes ses poursuites,
De ce coup hasardeux ne craignons point de suites.
C'est ne se point commettre à faire de l'éclat,
Et tirer les marrons de la patte du chat.
Allons donc nous masquer avec quelques bons frères;
Pour prévenir nos gens, il ne faut tarder guères.
Je sais où gît le lièvre, et me puis sans travail
Fournir en un moment d'hommes et d'attirail.
Croyez que je mets bien mon adresse en usage:
Si j'ai reçu du ciel des fourbes en partage,
Je ne suis point au rang de ces esprits mal nés
Qui cachent les talents que Dieu leur a donnés.

SCÈNE VIII.

LÉLIE, ERGASTE.

LÉLIE.

Il prétend l'enlever avec sa mascarade?
ERGASTE.

Il n'est rien plus certain. Quelqu'un de sa brigade
M'ayant de ce dessein instruit, sans m'arrêter,
A Mascarille alors j'ai couru tout conter,
Qui s'en va, m'a-t-il dit, rompre cette partie
Par une invention dessus le champ bâtie;
Et, comme je vous ai rencontré par hasard,
J'ai cru que je devais de tout vous faire part.
LÉLIE.

Tu m'obliges par trop avec cette nouvelle:
Va, je reconnaîtrai ce service fidèle.

SCÈNE IX.

LÉLIE, *seul*.

Mon drôle, assurément, leur jouera quelque trait.
Mais je veux de ma part seconder son projet:
Il ne sera pas dit qu'en un fait qui me touche
Je ne ne me sois non plus remué qu'une souche.
Voici l'heure; ils seront surpris à mon aspect.
Foin! que n'ai-je avec moi pris mon porte-respect!
Mais vienne qui voudra contre notre personne,
J'ai deux bons pistolets, et mon épée est bonne.
Hola, quelqu'un; un mot.

SCÈNE X.
TRUFALDIN, *à sa fenêtre;* LÉLIE.

TRUFALDIN.
Qu'est-ce ? Qui me vient voir ?
LÉLIE.
Fermez soigneusement votre porte ce soir.
TRUFALDIN.
Pourquoi ?
LÉLIE.
Certaines gens font une mascarade
Pour vous venir donner une fâcheuse aubade ;
Ils veulent enlever votre Célie.
TRUFALDIN.
O dieux !
LÉLIE.
Et sans doute bientôt ils viendront en ces lieux :
Demeurez ; vous pourrez voir tout de la fenêtre.
Hé bien ! qu'avais-je dit ? Les voyez-vous paraître ?
Chut ! je veux à vos yeux leur en faire l'affront.
Nous allons voir beau jeu, si la corde ne rompt.

SCÈNE XI.
LÉLIE, TRUFALDIN ; MASCARILLE
et sa suite, masqués.

TRUFALDIN.
O les plaisants robins qui pensent me surprendre !
LÉLIE.
Masques, où courez-vous ? Le pourrait-on apprendre ?

Trufaldin, ouvrez-leur pour jouer un momon.
(*à Mascarille déguisé en femme*).
Bon dieu! qu'elle est jolie, et qu'elle a l'air mignon!
Eh quoi! vous murmurez? Mais, sans vous faire outrage,
Peut-on lever le masque, et voir votre visage?

TRUFALDIN.

Allez, fourbes, méchants; retirez-vous d'ici,
Canaille. Et vous, seigneur, bon soir, et grand merci.

SCÈNE XII.

LÉLIE, MASCARILLE.

LÉLIE, *après avoir démasqué Mascarille*.
Mascarille, est-ce toi?

MASCARILLE.

Nenni-dà, c'est quelque autre.

LÉLIE.

Hélas! quelle surprise! et quel sort est le nôtre!
L'aurais-je deviné, n'étant point averti
Des secrètes raisons qui t'avaient travesti?
Malheureux que je suis d'avoir dessous ce masque
Été, sans y penser, te faire cette frasque!
Il me prendrait envie, en mon juste courroux,
De me battre moi-même, et me donner cent coups.

MASCARILLE.

Adieu, sublime esprit, rare imaginative.

LÉLIE.

Las! si de ton secours ta colère me prive,
A quel saint me vouraj-je?

ACTE III, SCÈNE XIII.

MASCARILLE.

Au grand diable d'enfer

LÉLIE.

Ah ! si ton cœur pour moi n'est de bronze ou de fer
Qu'encore un coup du moins mon imprudence ai
 grace !
S'il faut, pour l'obtenir, que tes genoux j'embrasse
Vois-moi....

MASCARILLE.

Tarare ! allons, camarades, allons ;
J'entends venir des gens qui sont sur nos talons.

SCÈNE XIII.

LÉANDRE *et sa suite, masqués ;* **TRUFALDIN**
à sa fenêtre.

LÉANDRE.

Sans bruit ; ne faisons rien que de la bonne sorte.

TRUFALDIN.

Quoi ! masques toute nuit assiégeront ma porte !
Messieurs, ne gagnez point de rhumes à plaisir ;
Tout cerveau qui le fait est, certes, de loisir.
Il est un peu trop tard pour enlever Célie ;
Dispensez-l'en ce soir, elle vous en supplie :
La belle est dans le lit, et ne peut vous parler.
J'en suis fâché pour vous : mais, pour vous régaler
Du souci qui pour elle ici vous inquiète,
Elle vous fait présent de cette cassolette.

LÉANDRE.

Fi ! cela sent mauvais, et je suis tout gâté.
Nous sommes découverts ; tirons de ce côté.

ACTE QUATRIÈME.

SCÈNE I.

LÉLIE, *déguisé en Arménien*; MASCARILLE.

MASCARILLE.
Vous voilà fagoté d'une plaisante sorte !
LÉLIE.
Tu ranimes par-là mon espérance morte.
MASCARILLE.
Toujours de ma colère on me voit revenir;
J'ai beau jurer, pester, je ne m'en puis tenir.
LÉLIE.
Aussi crois, si jamais je suis dans la puissance,
Que tu seras content de ma reconnaissance,
Et que, quand je n'aurais qu'un seul morceau de pain..
MASCARILLE.
Baste ; songez à vous dans ce nouveau dessein.
Au moins, si l'on vous voit commettre une sottise,
Vous n'imputerez plus l'erreur à la surprise;
Votre rôle en ce jeu par cœur doit être su.
LÉLIE.
Mais comment Trufaldin chez lui t'a-t-il reçu ?
MASCARILLE.
D'un zèle simulé j'ai bridé le bon sire ;
Avec empressement je suis venu lui dire,

S'il ne songeait à lui, que l'on le surprendroit ;
Que l'on couchait en joue, et de plus d'un endroit
Celle dont il a vu qu'une lettre en avance
Avait si faussement divulgué la naissance ;
Qu'on avait bien voulu m'y mêler quelque peu,
Mais que j'avais tiré mon épingle du jeu ;
Et que, touché d'ardeur pour ce qui le regarde,
Je venais l'avertir de se donner de garde.
De là, moralisant, j'ai fait de grands discours
Sur les fourbes qu'on voit ici bas tous les jours ;
Que pour moi, las du monde et de sa vie infâme,
Je voulais travailler au salut de mon ame,
A m'éloigner du trouble, et pouvoir longuement
Près de quelque honnête homme être paisiblement
Que, s'il le trouvait bon, je n'aurais d'autre envie
Que de passer chez lui le reste de ma vie ;
Et que même à tel point il m'avait su ravir,
Que, sans lui demander gages pour le servir,
Je mettrais en ses mains, que je tenais certaines,
Quelque bien de mon père, et le fruit de mes peines
Dont, avenant que Dieu de ce monde m'ôtât,
J'entendais tout de bon que lui seul héritât.
C'était le vrai moyen d'acquérir sa tendresse.
Et comme, pour résoudre avec votre maîtresse
Des biais qu'on doit prendre à terminer vos vœux
Je voulais en secret vous aboucher tous deux,
Lui-même a su m'ouvrir une voie assez belle
De pouvoir hautement vous loger avec elle,
Venant m'entretenir d'un fils privé du jour,
Dont cette nuit en songe il a vu le retour :

A ce propos, voici l'histoire qu'il m'a dite,
Et sur quoi j'ai tantôt notre fourbe construite.
LÉLIE.
C'est assez, je sais tout : tu me l'as dit deux fois.
MASCARILLE.
Oui, oui ; mais quand j'aurais passé jusques à trois,
Peut-être encor qu'avec toute sa suffisance
Votre esprit manquera dans quelque circonstance.
LÉLIE.
Mais à tant différer je me fais de l'effort.
MASCARILLE.
Ah ! de peur de tomber, ne courons pas si fort :
Voyez-vous ? vous avez la caboche un peu dure.
Rendez-vous affermi dessus cette aventure.
Autrefois Trufaldin de Naples est sorti,
Et s'appelait alors Zanobio Ruberti.
Un parti qui causa quelque émeute civile,
Dont il fut seulement soupçonné dans sa ville
(De fait, il n'est pas homme à troubler un état),
L'obligea d'en sortir une nuit sans éclat.
Une fille fort jeune et sa femme laissées
A quelque temps de là se trouvant trépassées,
Il en eut la nouvelle ; et, dans ce grand ennui,
Voulant dans quelque ville emmener avec lui,
Outre ses biens, l'espoir qui restait de sa race,
Un sien fils écolier, qui se nommait Horace,
Il écrit à Bologne, où, pour mieux être instruit,
Un certain maître Albert jeune l'avait conduit.
Mais pour se joindre tous le rendez-vous qu'il donne
Durant deux ans entiers ne lui fit voir personne :

ACTE IV, SCÈNE I.

Si bien que, les jugeant morts après ce temps-là
Il vint en cette ville, et prit le nom qu'il a,
Sans que de cet Albert ni de ce fils Horace
Douze ans aient découvert jamais la moindre trace.
Voilà l'histoire en gros, redite seulement
Afin de vous servir ici de fondement.
Maintenant vous serez un marchand d'Arménie,
Qui les aurez vus sains l'un et l'autre en Turquie
Si j'ai plutôt qu'aucun un tel moyen trouvé
Pour les ressusciter sur ce qu'il a rêvé,
C'est qu'en fait d'aventure il est très-ordinaire
De voir gens pris sur mer par quelque Turc corsair
Puis être à leur famille à point nommé rendus
Après quinze ou vingt ans qu'on les a crus perdu
Pour moi, j'ai vu déjà cent contes de la sorte.
Sans nous alambiquer, servons-nous-en; qu'import
Vous leur aurez ouï leur disgrace conter,
Et leur aurez fourni de quoi se racheter;
Mais que, parti plutôt pour chose nécessaire,
Horace vous chargea de voir ici son père,
Dont il a su le sort, et chez qui vous devez
Attendre quelques jours qu'ils y soient arrivés.
Je vous ai fait tantôt des leçons étendues.

LÉLIE.

Ces répétitions ne sont que superflues;
Dès l'abord mon esprit a compris tout le fait.

MASCARILLE.

Je m'en vais là-dedans donner le premier trait.

LÉLIE.

Ecoute, Mascarille; un seul point me chagrine.

S'il allait de son fils me demander la mine ?
MASCARILLE.
Belle difficulté ! Devez-vous pas savoir
Qu'il était fort petit alors qu'il l'a pu voir ?
Et puis, outre cela, le temps et l'esclavage
Pourraient-ils pas avoir changé tout son visage ?
LÉLIE.
Il est vrai. Mais, dis-moi, s'il connaît qu'il m'a vu,
Que faire ?
MASCARILLE.
De mémoire êtes-vous dépourvu ?
Nous avons dit tantôt qu'outre que votre image
N'avait dans son esprit pu faire qu'un passage,
Pour ne vous avoir vu que durant un moment,
Et le poil et l'habit déguisent grandement.
LÉLIE.
Fort bien. Mais, à propos, cet endroit de Turquie ?
MASCARILLE.
Tout, vous dis-je, est égal, Turquie ou Barbarie.
LÉLIE.
Mais le nom de la ville où j'aurai pu les voir ?
MASCARILLE.
Tunis. Il me tiendra, je crois, jusques au soir.
La répétition, dit-il, est inutile,
Et j'ai déjà nommé douze fois cette ville.
LÉLIE.
Va, va-t'en commencer ; il ne me faut plus rien.
MASCARILLE.
Au moins soyez prudent, et vous conduisez bien :

ACTE IV, SCÈNE III.

Ne donnez point ici de l'imaginative.
LÉLIE.
Laisse-moi gouverner. Que ton ame est craintive !
MASCARILLE.
Horace, dans Bologne écolier ; Trufaldin,
Zanobio Ruberti, dans Naples citadin ;
Le précepteur, Albert....
LÉLIE.
Ah ! c'est me faire honte
Que de me tant prêcher ! Suis-je un sot, à ton compte ?
MASCARILLE.
Non, pas du tout, mais bien quelque chose approchant.

SCÈNE II.
LÉLIE, *seul*.

Quand il m'est inutile, il fait le chien couchant ;
Mais parce qu'il sent bien le secours qu'il me donne
Sa familiarité jusques là s'abandonne.
Je vais être de près éclairé de beaux yeux
Dont la force m'impose un joug si précieux ;
Je m'en vais sans obstacle, avec des traits de flamme
Peindre à cette beauté les tourments de mon ame ;
Je saurai quel arrêt je dois.... Mais les voici.

SCÈNE III.
TRUFALDIN, LÉLIE, MASCARILLE.
TRUFALDIN.
Sois béni, juste ciel, de mon sort adouci !

MASCARILLE.

C'est à vous de rêver et de faire des songes,
Puisqu'en vous il est faux que songes sont mensonges.

TRUFALDIN, à Lélie.

Quelle grace, quels biens vous rendrai-je, seigneur,
Vous que je dois nommer l'ange de mon bonheur?

LÉLIE.

Ce sont soins superflus, et je vous en dispense.

TRUFALDIN, à Mascarille.

J'ai, je ne sais pas où, vu quelque ressemblance
De cet Arménien.

MASCARILLE.

C'est ce que je disois;
Mais on voit des rapports admirables par fois.

TRUFALDIN.

Vous avez vu ce fils où mon espoir se fonde?

LÉLIE.

Oui, seigneur Trufaldin, le plus gaillard du monde.

TRUFALDIN.

Il vous a dit sa vie, et parlé fort de moi?

LÉLIE.

Plus de dix mille fois.

MASCARILLE.

Quelque peu moins, je croi.

LÉLIE.

Il vous a dépeint tel que je vous vois paraître,
Le visage, le port....

TRUFALDIN.

Cela pourrait-il être,
Si lorsqu'il m'a pu voir il n'avait que sept ans,

ACTE IV, SCÈNE III.

Et si son précepteur même, depuis ce temps,
Aurait peine à pouvoir connaître mon visage?

MASCARILLE.

Le sang, bien autrement, conserve cette image;
Par des traits si profonds ce portrait est tracé,
Que mon père....

TRUFALDIN.
  Suffit. Où l'avez-vous laissé?

LÉLIE.

En Turquie, à Turin.

TRUFALDIN.
    Turin? Mais cette ville
Est, je pense, en Piémont.

MASCARILLE, *à part*.
    O cerveau mal-habile!
(*à Trufaldin*).
Vous ne l'entendez pas, il veut dire Tunis;
Et c'est en effet là qu'il laissa votre fils :
Mais les Arméniens ont tous par habitude
Certain vice de langue à nous autres fort rude;
C'est que dans tous les mots ils changent *nis* en *rin*,
Et pour dire Tunis ils prononcent Turin.

TRUFALDIN.

Il fallait, pour l'entendre, avoir cette lumière.
Quel moyen vous dit-il de rencontrer son père?

MASCARILLE.
(*à part.*) (*à Trufaldin, après s'être escrimé.*)
Voyez s'il répondra! Je repassais un peu
Quelque leçon d'escrime : autrefois en ce jeu
Il n'était point d'adresse à mon adresse égale,

Et j'ai battu le fer en mainte et mainte salle.

TRUFALDIN, *à Mascarille.*

Ce n'est pas maintenant ce que je veux savoir.
 (*à Lélie.*)
Quel autre nom dit-il que je devais avoir?

MASCARILLE.

Ah! seigneur Zanobio Ruberti, quelle joie
Est celle maintenant que le ciel vous envoie!

LÉLIE.

C'est là votre vrai nom, et l'autre est emprunté.

TRUFALDIN.

Mais où vous a-t-il dit qu'il reçut la clarté?

MASCARILLE.

Naples est un séjour qui paraît agréable;
Mais pour vous ce doit être un lieu fort haïssable.

TRUFALDIN.

Ne peux-tu, sans parler, souffrir notre discours?

LÉLIE.

Dans Naples son destin a commencé son cours.

TRUFALDIN.

Où l'envoyai-je jeune, et sous quelle conduite?

MASCARILLE.

Ce pauvre maître Albert a beaucoup de mérite
D'avoir depuis Bologne accompagné ce fils
Qu'à sa discrétion vos soins avaient commis!

TRUFALDIN.

Ah!

MASCARILLE, *à part.*

Nous sommes perdus si cet entretien dure.

ACTE IV, SCÈNE III.
TRUFALDIN.
Je voudrais bien savoir de vous leur aventure,
Sur quel vaisseau le sort qui m'a su travailler....
MASCARILLE.
Je ne sais ce que c'est, je ne fais que bâiller.
Mais, seigneur Trufaldin, songez-vous que peut-être
Ce monsieur l'étranger a besoin de repaître,
Et qu'il est tard aussi ?
LÉLIE.
Pour moi point de repas.
MASCARILLE.
Ah ! vous avez plus faim que vous ne pensez pas.
TRUFALDIN.
Entrez donc.
LÉLIE.
Après vous.
MASCARILLE, *à Trufaldin.*
Monsieur, en Arménie
Les maîtres du logis sont sans cérémonie.
(*à Lélie, après que Trufaldin est entré dans sa maison.*)
Pauvre esprit ! pas deux mots !
LÉLIE.
D'abord il m'a surpris :
Mais n'appréhende plus, je reprends mes esprits,
Et m'en vais débiter avecque hardiesse....
MASCARILLE.
Voici notre rival, qui ne sait pas la pièce.
(*Ils entrent dans la maison de Trufaldin.*)

SCÈNE IV.
ANSELME, LÉANDRE.

ANSELME.

Arrêtez-vous, Léandre, et souffrez un discours
Qui cherche le repos et l'honneur de vos jours.
Je ne vous parle point en père de ma fille,
En homme intéressé pour ma propre famille,
Mais comme votre père, ému pour votre bien,
Sans vouloir vous flatter et vous déguiser rien;
Bref, comme je voudrais d'une ame franche et pure
Que l'on fît à mon sang en pareille aventure.
Savez-vous de quel œil chacun voit cet amour
Qui dedans une nuit vient d'éclater au jour?
A combien de discours et de traits de risée
Votre entreprise d'hier est par-tout exposée?
Quel jugement on fait du choix capricieux
Qui pour femme, dit-on, vous désigne en ces lieux
Un rebut de l'Egypte, une fille coureuse,
De qui le noble emploi n'est qu'un métier de gueuse?
J'en ai rougi pour vous encor plus que pour moi
Qui me trouve compris dans l'éclat que je voi;
Moi, dis-je, dont la fille, à vos ardeurs promise,
Ne peut, sans quelque affront, souffrir qu'on la méprise.
Ah! Léandre, sortez de cet abaissement;
Ouvrez un peu les yeux sur votre aveuglement.
Si notre esprit n'est pas sage à toutes les heures,
Les plus courtes erreurs sont toujours les meilleures.

Quand on ne prend en dot que la seule beauté,
Le remords est bien près de la solemnité ;
Et la plus belle femme a très peu de défense
Contre cette tiédeur qui suit la jouissance.
Je vous le dis encor, ces bouillants mouvements,
Ces ardeurs de jeunesse et ces emportements
Nous font trouver d'abord quelques nuits agréables ;
Mais ces félicités ne sont guère durables,
Et notre passion, alentissant son cours,
Après ces bonnes nuits, donne de mauvais jours :
De là viennent les soins, les soucis, les misères,
Les fils déshérités par le courroux des pères.

LÉANDRE.

Dans tout votre discours je n'ai rien écouté
Que mon esprit déjà ne m'ait représenté.
Je sais combien je dois à cet honneur insigne
Que vous me voulez faire, et dont je suis indigne ;
Et vois, malgré l'effort dont je suis combattu,
Ce que vaut votre fille, et quelle est sa vertu :
Aussi veux-je tâcher....

ANSELME.

    On ouvre cette porte :
Retirons-nous plus loin, de crainte qu'il n'en sorte
Quelque secret poison dont vous seriez surpris.

SCÈNE V.
LÉLIE, MASCARILLE.

MASCARILLE.

Bientôt de notre fourbe on verra le débris
Si vous continuez des sottises si grandes.

LÉLIE.

Dois-je éternellement ouïr tes réprimandes ?
De quoi te peux-tu plaindre ? Ai-je pas réussi
En tout ce que j'ai dit depuis ?

MASCARILLE.

Couci-couci :
Témoins les Turcs par vous appelés hérétiques,
Et que vous assurez par serments authentiques
Adorer pour leurs dieux la lune et le soleil.
Passe. Ce qui me donne un dépit nompareil,
C'est qu'ici votre amour étrangement s'oublie ;
Près de Célie, il est ainsi que la bouillie,
Qui par un trop grand feu s'enfle, croît jusqu'aux bords,
Et de tous les côtés se répand au dehors.

LÉLIE.

Pourrait-on se forcer à plus de retenue ?
Je ne l'ai presque point encore entretenue.

MASCARILLE.

Oui : mais ce n'est pas tout que de ne parler pas ;
Par vos gestes, durant un moment de repas,
Vous avez aux soupçons donné plus de matière
Que d'autres ne feraient dans une année entière.

LÉLIE.

Et comment donc ?

MASCARILLE.

Comment ? Chacun a pu le voir.
A table où Trufaldin l'oblige de se seoir,
Vous n'avez toujours fait qu'avoir les yeux sur elle,
Rouge, tout interdit, jouant de la prunelle,

ACTE IV, SCÈNE V.

Sans prendre jamais garde à ce qu'on vous servait ;
Vous n'aviez point de soif qu'alors qu'elle buvait ;
Et dans ses propres mains vous saisissant du verre,
Sans le vouloir rincer, sans rien jeter à terre,
Vous buviez sur son reste, et montriez d'affecter
Le côté qu'à sa bouche elle avait su porter ;
Sur les morceaux touchés de sa main délicate,
Ou mordus de ses dents, vous étendiez la patte
Plus brusquement qu'un chat dessus une souris,
Et les avaliez tous ainsi que des pois gris.
Puis, outre tout cela, vous faisiez sous la table
Un bruit, un triquetrac de pieds insupportable,
Dont Trufaldin, heurté de deux coups trop pressants,
A puni par deux fois deux chiens très-innocents,
Qui, s'ils eussent osé, vous eussent fait querelle.
Et puis après cela votre conduite est belle ?
Pour moi, j'en ai souffert la gêne sur mon corps.
Malgré le froid, je sue encor de mes efforts.
Attaché dessus vous comme un joueur de boule
Après le mouvement de la sienne qui roule,
Je pensais retenir toutes vos actions,
En faisant de mon corps mille contorsions.

LÉLIE.

Mon dieu ! qu'il t'est aisé de condamner des choses
Dont tu ne ressens pas les agréables causes !
Je veux bien néanmoins, pour te plaire une fois,
Faire force à l'amour qui m'impose des lois.
Désormais....

SCÈNE VI.

TRUFALDIN, LÉLIE, MASCARILLE.

MASCARILLE.
Nous parlions des fortunes d'Horace.
TRUFALDIN.
(*à Lélie.*)
C'est bien fait. Cependant me ferez-vous la grace
Que je puisse lui dire un seul mot en secret ?
LÉLIE.
Il faudrait autrement être fort indiscret.
(*Lélie entre dans la maison de Trufaldin.*)

SCÈNE VII.

TRUFALDIN, MASCARILLE.

TRUFALDIN.
Ecoute : sais-tu bien ce que je viens de faire ?
MASCARILLE.
Non ; mais, si vous voulez, je ne tarderai guère,
Sans doute, à le savoir.
TRUFALDIN.
D'un chêne grand et fort,
Dont près de deux cents ans ont déjà fait le sort,
Je viens de détacher une branche admirable,
Choisie expressément de grosseur raisonnable,
Dont j'ai fait sur-le-champ, avec beaucoup d'ardeur,
(*Il montre son bras*).
Un bâton à-peu-près... oui, de cette grandeur,

ACTE IV, SCÈNE VII.

Moins gros par l'un des bouts, mais, plus que trente gaules,
Propre, comme je pense, à rosser les épaules;
Car il est bien en main, verd, noueux et massif.

MASCARILLE.
Mais pour qui, je vous prie, un tel préparatif?

TRUFALDIN.
Pour toi premièrement; puis pour ce bon apôtre,
Qui veut m'en donner d'une, et m'en jouer d'une autre,
Pour cet Arménien, ce marchand déguisé,
Introduit sous l'appât d'un conte supposé.

MASCARILLE.
Quoi! vous ne croyez pas...?

TRUFALDIN.
Ne cherche point d'excuse:
Lui-même heureusement a découvert sa ruse,
En disant à Célie, en lui serrant la main,
Que pour elle il venait sous ce prétexte vain;
Il n'a pas aperçu Jeannette, ma fillole,
Laquelle a tout ouï, parole pour parole:
Et je ne doute point, quoiqu'il n'en ait rien dit,
Que tu ne sois de tout le complice maudit.

MASCARILLE.
Ah! vous me faites tort! S'il faut qu'on vous affronte,
Croyez qu'il m'a trompé le premier à ce conte.

TRUFALDIN.
Veux-tu me faire voir que tu dis vérité?
Qu'à le chasser mon bras soit du tien assisté;
Donnons en à ce fourbe et du long et du large;

Et de tout crime, après, mon esprit te décharge.
MASCARILLE.
Oui-dà, très-volontiers ; je l'épousterai bien,
Et par-là vous verrez que je n'y trempe en rien.
(à part.)
Ah! vous serez rossé, monsieur de l'Arménie,
Qui toujours gâtez tout!

SCÈNE VIII.

LÉLIE, TRUFALDIN, MASCARILLE.

TRUFALDIN, *à Lélie, après avoir heurté à sa porte.*
Un mot, je vous supplie.
Donc, monsieur l'imposteur, vous osez aujourd'hui
Duper un honnête homme, et vous jouer de lui?
MASCARILLE.
Feindre avoir vu son fils en une autre contrée,
Pour vous donner chez lui plus librement entrée!
TRUFALDIN *bat Lélie.*
Vidons, vidons sur l'heure.
LÉLIE, *à Mascarille qui le bat aussi.*
Ah coquin!
MASCARILLE.
C'est ainsi
Que les fourbes...
LÉLIE.
Bourreau!
MASCARILLE.
Sont ajustés ici.
Gardez-moi bien cela.

ACTE IV, SCÈNE VIII.

LÉLIE.

Quoi donc ! je serais homme...

MASCARILLE, *le battant toujours et le chassant.*

Tirez, tirez, vous dis-je, ou bien je vous assomme.

TRUFALDIN.

Voilà qui me plaît fort; rentre, je suis content.
(*Mascarille suit Trufaldin qui rentre dans sa maison.*)

LÉLIE, *revenant.*

A moi par un valet cet affront éclatant !
L'aurait-on pu prévoir l'action de ce traître
Qui vient insolemment de maltraiter son maître ?

MASCARILLE, *à la fenêtre de Trufaldin.*

Peut-on vous demander comment va votre dos ?

LÉLIE.

Quoi ! tu m'oses encor tenir un tel propos !

MASCARILLE.

Voilà, voilà que c'est de ne voir pas Jeannette,
Et d'avoir en tout temps une langue indiscrète.
Mais pour cette fois-ci je n'ai point de courroux,
Je cesse d'éclater, de pester contre vous;
Quoique de l'action l'imprudence soit haute,
Ma main sur votre échine a lavé votre faute.

LÉLIE.

Ah ! je me vengerai de ce trait déloyal.

MASCARILLE.

Vous vous êtes causé vous-même tout le mal.

LÉLIE.

Moi ?

MASCARILLE.
Si vous n'étiez pas une cervelle folle,
Quand vous avez parlé naguère à votre idole,
Vous auriez aperçu Jeannette sur vos pas,
Dont l'oreille subtile a découvert le cas.

LÉLIE.
On aurait pu surprendre un mot dit à Célie?

MASCARILLE.
Et d'où doncque viendrait cette prompte sortie?
Oui, vous n'êtes dehors que par votre caquet.
Je ne sais si souvent vous jouez au piquet;
Mais au moins faites-vous des écarts admirables.

LÉLIE.
O le plus malheureux de tous les misérables!
Mais encore, pourquoi me voir chasser par toi?

MASCARILLE.
Je ne fis jamais mieux que d'en prendre l'emploi;
Par-là, j'empêche au moins que de cet artifice
Je ne sois soupçonné d'être auteur ou complice.

LÉLIE.
Tu devais donc pour toi frapper plus doucement.

MASCARILLE.
Quelque sot. Trufaldin lorgnait exactement:
Et puis, je vous dirai, sous ce prétexte utile,
Je n'étais point fâché d'évaporer ma bile.
Enfin, la chose est faite; et, si j'ai votre foi
Qu'on ne vous verra point vouloir venger sur moi,
Soit indirectement, ou par quelque autre voie,
Les coups sur votre rable assénés avec joie;
Je vous promets, aidé par le poste où je suis,

ACTE IV, SCÈNE VIII.

De contenter vos vœux avant qu'il soit deux nuits.

LÉLIE.

Quoique ton traitement ait un peu de rudesse,
Qu'est-ce que dessus moi ne peut cette promesse ?

MASCARILLE.

Vous le promettez donc ?

LÉLIE.

Oui, je te le promets.

MASCARILLE.

Ce n'est pas encore tout : promettez que jamais
Vous ne vous mêlerez dans quoi que j'entreprenne.

LÉLIE.

Soit.

MASCARILLE.

Si vous y manquez, votre fièvre quartaine....

LÉLIE.

Mais tiens-moi donc parole, et songe à mon repos.

MASCARILLE.

Allez quitter l'habit, et graisser votre dos.

LÉLIE, *seul*.

Faut-il que le malheur qui me suit à la trace
Me fasse voir toujours disgrace sur disgrace !

MASCARILLE, *sortant de chez Trufaldin*.

Quoi ! vous n'êtes pas loin ! sortez vîte d'ici !
Mais, surtout, gardez-vous de prendre aucun souci.
Puisque je suis pour vous, que cela vous suffise ;
N'aidez point mon projet de la moindre entreprise ;
Demeurez en repos.

LÉLIE, *en sortant*.

Oui, va, je m'y tiendrai.

MASCARILLE, *seul*.
Il faut voir maintenant quel biais je prendrai.

SCÈNE IX.

ERGASTE, MASCARILLE.

ERGASTE.
Mascarille, je viens te dire une nouvelle
Qui donne à tes desseins une atteinte cruelle.
A l'heure que je parle, un jeune Egyptien,
Qui n'est pas noir pourtant, et sent assez son bien,
Arrive accompagné d'une vieille fort have,
Et vient chez Trufaldin racheter cette esclave
Que vous vouliez : pour elle il paraît fort zélé.

MASCARILLE.
Sans doute c'est l'amant dont Célie a parlé.
Fut-il jamais destin plus brouillé que le nôtre!
Sortant d'un embarras, nous entrons dans un autre.
En vain nous apprenons que Léandre est au point
De quitter la partie, et ne nous troubler point;
Que son père, arrivé contre toute espérance,
Du côté d'Hippolyte emporte la balance,
Qu'il a tout fait changer par son autorité,
Et va dès aujourd'hui conclure le traité :
Lorsqu'un rival s'éloigne, un autre plus funeste
S'en vient nous enlever tout l'espoir qui nous reste!
Toutefois, par un trait merveilleux de mon art,
Je crois que je pourrai retarder leur départ,
Et me donner le temps qui sera nécessaire
Pour tâcher de finir cette fameuse affaire.

Il s'est fait un grand vol : par qui ? l'on n'en sait rien.
Eux autres rarement passent pour gens de bien ;
Je veux adroitement, sur un soupçon frivole,
Faire pour quelques jours emprisonner ce drôle.
Je sais des officiers de justice altérés,
Qui sont pour de tels coups de vrais délibérés :
Dessus l'avide espoir de quelque paraguante,
Il n'est rien que leur art aveuglément ne tente ;
Et du plus innocent, toujours à leur profit,
La bourse est criminelle, et paye son délit.

FIN DU QUATRIÈME ACTE.

ACTE CINQUIÈME.

SCÈNE I.

MASCARILLE, ERGASTE.

MASCARILLE.

Ah chien ! ah double chien ! mâtine de cervelle,
Ta persécution sera-t-elle éternelle ?
ERGASTE.
Par les soins vigilants de l'exempt Balafré,
Ton affaire allait bien, le drôle était coffré,
Si ton maître au moment ne fût venu lui-même,
En vrai désespéré, rompre ton stratagême :
Je ne saurais souffrir, a-t-il dit hautement,
Qu'un honnête homme soit traîné honteusement,
J'en réponds sur sa mine, et je le cautionne.
Et, comme on résistait à lâcher sa personne,
D'abord il a chargé si bien sur les recors,
Qui sont gens d'ordinaire à craindre pour leur corps,
Qu'à l'heure que je parle ils sont encore en fuite,
Et pensent tous avoir un Lélie à leur suite.
MASCARILLE.
Le traître ne sait pas que cet Egyptien
Est déjà là-dedans pour lui ravir son bien.
ERGASTE.
Adieu. Certaine affaire à te quitter m'oblige.

SCÈNE II.

MASCARILLE, *seul.*

Oui, je suis stupéfait de ce dernier prodige.
On dirait, et pour moi j'en suis persuadé,
Que ce démon brouillon dont il est possédé
Se plaise à me braver, et me l'aille conduire
Partout où sa présence est capable de nuire.
Pourtant je veux poursuivre, et, malgré tous ses
    coups,
Voir qui l'emportera de ce diable ou de nous.
Célie est quelque peu de notre intelligence,
Et ne voit son départ qu'avecque répugnance.
Je tâche à profiter de cette occasion.
Mais ils viennent, songeons à l'exécution.
Cette maison meublée est en ma bienséance,
Je puis en disposer avec grande licence ;
Si le sort nous en dit, tout sera bien réglé ;
Nul que moi ne s'y tient, et j'en garde la clé.
O dieu, qu'en peu de temps on a vu d'aventures,
Et qu'un fourbe est contraint de prendre de figures !

SCÈNE III.

CÉLIE, ANDRÈS.

ANDRÈS.

Vous le savez, Célie, il n'est rien que mon cœur
N'ait fait pour vous prouver l'excès de son ardeur.
Chez les Vénitiens, dès un assez jeune âge,

La guerre en quelque estime avait mis mon courage,
Et j'y pouvais un jour, sans trop croire de moi,
Prétendre, en les servant, un honorable emploi;
Lorsqu'on me vit pour vous oublier toute chose,
Et que le prompt effet d'une métamorphose
Qui suivit de mon cœur le soudain changement
Parmi vos compagnons sut ranger votre amant;
Sans que mille accidents, ni votre indifférence,
Aient pu me détacher de ma persévérance.
Depuis, par un hasard, d'avec vous séparé
Pour beaucoup plus de temps que je n'eusse auguré,
Je n'ai, pour vous rejoindre, épargné temps ni
  peine:
Enfin, ayant trouvé la vieille Egyptienne,
Et plein d'impatience apprenant votre sort,
Que, pour certain argent qui leur importait fort,
Et qui de tous vos gens détourna le naufrage,
Vous aviez en ces lieux été mise en ôtage,
J'accours vite y briser ces chaînes d'intérêt,
Et recevoir de vous les ordres qu'il vous plaît.
Cependant on vous voit une morne tristesse
Alors que dans vos yeux doit briller l'alégresse.
Si pour vous la retraite avait quelques appas,
Venise, du butin fait parmi les combats,
Me garde pour tous deux de quoi pouvoir y vivre:
Que si, comme devant, il vous faut encor suivre,
J'y consens, et mon cœur n'ambitionnera
Que d'être auprès de vous tout ce qu'il vous plaira.

CÉLIE.

Votre zèle pour moi visiblement éclate;

Pour en paraître triste il faudrait être ingrate :
Et mon visage aussi, par son émotion,
N'explique point mon cœur en cette occasion ;
Une douleur de tête y peint sa violence :
Et, si j'avais sur vous quelque peu de puissance,
Notre voyage, au moins pour trois ou quatre jours,
Attendrait que ce mal eût pris un autre cours.

ANDRÈS.
Autant que vous voudrez faites qu'il se diffère :
Toutes mes volontés ne buttent qu'à vous plaire.
Cherchons une maison à vous mettre en repos.
L'écriteau que voici s'offre tout à propos.

SCÈNE IV.

CELIE, ANDRÈS; MASCARILLE,
déguisé en Suisse.

ANDRÈS.
Seigneur Suisse, êtes-vous de ce logis le maître?

MASCARILLE.
Moi pour serfir à fous.

ANDRÈS.
Pourrions-nous y bien être

MASCARILLE.
Oui ; moi pour d'étrancher chappons champre garni
Mas che non point lôcher le gente méchant vi.

ANDRÈS.
Je crois votre maison franche de tout ombrage.

MASCARILLE.
Fous nouveau dans sti fil, moi foir à la fissage.

ANDRÈS.

Oui.

MASCARILLE.

La matame est-il mariage al monsieur?

ANDRÈS.

Quoi?

MASCARILLE.

S'il être son fame, ou s'il être son sœur?

ANDRÈS.

Non.

MASCARILLE.

Mon foi, pien choli. Fenir pour marchandice,
Ou pien pour temanter à la palais choustice?
La procès il faut rien, il coûter tant t'archant!
La procurer larron, l'afocat pien méchant.

ANDRÈS.

Ce n'est pour cela.

MASCARILLE.

Fous tonc mener sti file
Pour fenir pourmener et recarter la file?

ANDRÈS.

(à Célie.)

Il n'importe. Je suis à vous dans un moment.
Je vais faire venir la vieille promptement,
Contremander aussi notre voiture prête.

MASCARILLE.

Li ne porte pas pien.

ANDRÈS.

Elle a mal à la tête.

MASCARILLE.
Moi chavoir de pon fin, et de fromache pon.
Entre fous, entre fous dans mon petit maison.

(*Célie, Andrès et Mascarille entrent dans la maison.*)

SCÈNE V.
LÉLIE, *seul.*

Quel que soit le transport d'une ame impatiente,
Ma parole m'engage à rester en attente,
A laisser faire un autre, et voir, sans rien oser,
Comme de mes destins le ciel veut disposer.

SCÈNE VI.
ANDRÈS, LÉLIE.

LÉLIE, *à Andrès qui sort de la maison.*
Demandiez-vous quelqu'un dedans cette demeure?

ANDRÈS.
C'est un logis garni que j'ai pris tout à l'heure.

LÉLIE.
A mon père pourtant la maison appartient;
Et mon valet, la nuit, pour la garder s'y tient.

ANDRÈS.
Je ne sais : l'écriteau marque au moins qu'on la loue.
Lisez.

LÉLIE.
Certes, ceci me surprend, je l'avoue.
Qui diantre l'aurait mis? et par quel intérêt...?
Ah! ma foi, je devine à-peu-près ce que c'est :
Cela ne peut venir que de ce que j'augure.

ANDRÈS.
Peut-on vous demander quelle est cette aventure ?
LÉLIE.
Je voudrais à tout autre en faire un grand secret ;
Mais pour vous il n'importe, et vous serez discret.
Sans doute l'écriteau que vous voyez paraître,
Comme je conjecture au moins, ne saurait être
Que quelque invention du valet que je di,
Que quelque nœud subtil qu'il doit avoir ourdi
Pour mettre en mon pouvoir certaine Egyptienne
Dont j'ai l'ame piquée, et qu'il faut que j'obtienne.
Je l'ai déjà manquée, et même plusieurs coups.
ANDRÈS.
Vous l'appelez ?
LÉLIE.
Célie.
ANDRÈS.
Hé ! que ne disiez-vous ?
Vous n'aviez qu'à parler, je vous aurais sans doute
Epargné tous les soins que ce projet vous coûte.
LÉLIE.
Quoi ! vous la connaissez ?
ANDRÈS.
C'est moi qui maintenant
Viens de la racheter.
LÉLIE.
O discours surprenant !
ANDRÈS.
Sa santé de partir ne nous pouvant permettre,
Au logis que voilà je venais de la mettre ;

ACTE V, SCÈNE VII.

Et je suis très-ravi, dans cette occasion,
Que vous m'ayez instruit de votre intention.

LÉLIE.

Quoi! j'obtiendrais de vous le bonheur que j'espère
Vous pourriez...?

ANDRÈS, *allant frapper à la porte.*

Tout à l'heure on va vous satisfaire

LÉLIE.

Que pourrai-je vous dire? Et quel remerciemens...

ANDRÈS.

Non, ne m'en faites point, je n'en veux nullement

SCÈNE VII.

LÉLIE, ANDRÈS, MASCARILLE.

MASCARILLE, *à part.*

Hé bien! ne voilà pas mon enragé de maître!
Il nous va faire encor quelque nouveau bicêtre.

LÉLIE.

Sous ce grotesque habit qui l'aurait reconnu!
Approche, Mascarille, et sois le bien venu.

MASCARILLE.

Moi souisse ein chant t'honneur, moi non point
  maquerille,
Chai point fentre chamais le fame ni le fille.

LÉLIE.

Le plaisant baragouin! Il est bon, sur ma foi!

MASCARILLE.

Allez fous pourmener, sans toi rire te moi.

LÉLIE.
Va, va, lève le masque, et reconnais ton maître.
MASCARILLE.
Particu, tiable, mon foi, chamais toi chai connaître.
LÉLIE.
Tout est accommodé, ne te déguise point.
MASCARILLE.
Si toi point en aller, chai paille ein cou te poing.
LÉLIE.
Ton jargon allemand est superflu, te dis-je;
Car nous sommes d'accord, et sa bonté m'oblige.
J'ai tout ce que mes vœux lui peuvent demander,
Et tu n'as pas sujet de rien appréhender.
MASCARILLE.
Si vous êtes d'accord par un bonheur extrême,
Je me dessuisse donc, et redeviens moi-même.
ANDRÈS.
Ce valet vous servait avec beaucoup de feu.
Mais je reviens à vous, demeurez quelque peu.

SCÈNE VIII.
LÉLIE, MASCARILLE.
LÉLIE.
Hé bien! que diras-tu?
MASCARILLE.
Que j'ai l'ame ravie
De voir d'un beau succès notre peine suivie.
LÉLIE.
Tu feignais à sortir de ton déguisement,

Et ne pouvais me croire en cet événement.
MASCARILLE.
Comme je vous connais, j'étais dans l'épouvante,
Et trouve l'aventure aussi fort surprenante.
LÉLIE.
Mais confesse qu'enfin c'est avoir fait beaucoup.
Au moins j'ai réparé mes fautes à ce coup,
Et j'aurai cet honneur d'avoir fini l'ouvrage.
MASCARILLE.
Soit; vous aurez été bien plus heureux que sage.

SCÈNE IX.

CÉLIE, ANDRÈS, LÉLIE, MASCARILLE.

ANDRÈS.
N'est-ce pas là l'objet dont vous m'avez parlé?
LÉLIE.
Ah! quel bonheur au mien pourrait être égalé!
ANDRÈS.
Il est vrai, d'un bienfait je vous suis redevable;
Si je ne l'avouais, je serais condamnable:
Mais enfin ce bienfait aurait trop de rigueur
S'il fallait le payer aux dépens de mon cœur.
Jugez, dans le transport où sa beauté me jette,
Si je dois à ce prix vous acquitter ma dette;
Vous êtes généreux, vous ne le voudriez pas.
Adieu pour quelques jours: retournons sur nos pas.

SCÈNE X.

LÉLIE, MASCARILLE.

MASCARILLE, *après avoir chanté.*
Je chante, et toutefois je n'en ai guère envie.
Vous voilà bien d'accord, il vous donne Célie;
Hem, vous m'entendez bien.

LÉLIE.
      C'est trop, je ne veux plus
Te demander pour moi des secours superflus.
Je suis un chien, un traître, un bourreau détestable,
Indigne d'aucun soin, de rien faire incapable.
Va, cesse tes efforts pour un malencontreux
Qui ne saurait souffrir que l'on le rende heureux.
Après tant de malheurs, après mon imprudence,
Le trépas me doit seul prêter son assistance.

SCÈNE XI.

MASCARILLE, *seul.*

Voilà le vrai moyen d'achever son destin;
Il ne lui manque plus que de mourir enfin
Pour le couronnement de toutes ses sottises.
Mais en vain son dépit pour ses fautes commises
Lui fait licencier mes soins et mon appui;
Je veux, quoi qu'il en soit, le servir malgré lui,
Et dessus son lutin obtenir la victoire.
Plus l'obstacle est puissant, plus on reçoit de gloire :
Et les difficultés dont on est combattu

Sont les dames d'atour qui parent la vertu.

SCÈNE XII.
CÉLIE, MASCARILLE.

CÉLIE, *à Mascarille qui lui a parlé bas.*
Quoi que tu veuilles dire, et que l'on se propose,
De ce retardement j'attends fort peu de chose.
Ce qu'on voit de succès peut bien persuader
Qu'ils ne sont pas encor fort près de s'accorder :
Et je t'ai déjà dit qu'un cœur comme le nôtre
Ne voudrait pas pour l'un faire injustice à l'autre ;
Et que très-fortement, par de différents nœuds,
Je me trouve attachée au parti de tous deux.
Si Lélie a pour lui l'amour et sa puissance,
Andrès pour son partage a la reconnaissance,
Qui ne souffrira point que mes pensers secrets
Consultent jamais rien contre ses intérêts :
Oui : s'il ne peut avoir plus de place en mon ame,
Si le don de mon cœur ne couronne sa flamme,
Au moins dois-je le prix à ce qu'il fait pour moi
De n'en choisir point d'autre au mépris de sa foi,
Et de faire à mes vœux autant de violence
Que j'en fais aux désirs qu'il met en évidence.
Sur ces difficultés qu'oppose mon devoir,
Juge ce que tu peux te permettre d'espoir.
            MASCARILLE.
Ce sont, à dire vrai, de très-fâcheux obstacles ;
Et je ne sais point l'art de faire des miracles :
Mais je vais employer mes efforts plus puissants,

Remuer terre et ciel, m'y prendre de tous sens,
Pour tâcher de trouver un biais salutaire,
Et vous dirai bientôt ce qui se pourra faire.

SCÈNE XIII.

HIPPOLYTE, CÉLIE.

HIPPOLYTE.

Depuis votre séjour, les dames de ces lieux
Se plaignent justement des larcins de vos yeux,
Si vous leur dérobez leurs conquêtes plus belles,
Et de tous leurs amants faites des infidèles :
Il n'est guère de cœurs qui puissent échapper
Aux traits dont à l'abord vous savez les frapper ;
Et mille libertés à vos chaînes offertes
Semblent vous enrichir chaque jour de nos pertes.
Quant à moi toutefois je ne me plaindrais pas
Du pouvoir absolu de vos rares appas,
Si, lorsque mes amants sont devenus les vôtres,
Un seul m'eût consolé de la perte des autres :
Mais qu'inhumainement vous me les ôtiez tous,
C'est un dur precédé dont je me plains à vous.

CÉLIE.

Voilà d'un air galant faire une raillerie :
Mais épargnez un peu celle qui vous en prie.
Vos yeux, vos propres yeux se connaissent trop bien
Pour pouvoir de ma part redouter jamais rien ;
Ils sont fort assurés du pouvoir de leurs charmes,
Et ne prendront jamais de pareilles alarmes.

HIPPOLYTE.

Pourtant en ce discours je n'ai rien avancé
Qui dans tous les esprits ne soit déjà passé ;
Et, sans parler du reste, on sait bien que Célie
A causé des désirs à Léandre et Lélie.

CÉLIE.

Je crois qu'étant tombés dans cet aveuglement
Vous vous consoleriez de leur perte aisément,
Et trouveriez pour vous l'amant peu souhaitable
Qui d'un si mauvais choix se trouverait capable.

HIPPOLYTE.

Au contraire, j'agis d'un air tout différent,
Et trouve en vos beautés un mérite si grand,
J'y vois tant de raisons capables de défendre
L'inconstance de ceux qui s'en laissent surprendre,
Que je ne puis blâmer la nouveauté des feux
Dont envers moi Léandre a parjuré ses vœux,
Et le vais voir tantôt, sans haine et sans colère,
Ramené sous mes lois par le pouvoir d'un père.

SCÈNE XIV.

CÉLIE, HIPPOLYTE, MASCARILLE.

MASCARILLE.

Grande, grande nouvelle, et succès surprenant
Que ma bouche vous vient annoncer maintenant !

CÉLIE.

Qu'est-ce donc ?

MASCARILLE.

Ecoutez, voici sans flatterie....

CÉLIE.

Quoi ?

MASCARILLE.

La fin d'une vraie et pure comédie.
La vieille Egyptienne à l'heure même...

CÉLIE.

Hé bien ?

MASCARILLE.

Passait dedans la place et ne songeait à rien,
Alors qu'une autre vieille assez défigurée,
L'ayant de près au nez long-temps considérée,
Par un bruit enroué de mots injurieux
A donné le signal d'un combat furieux,
Qui pour armes pourtant, mousquets, dagues, ou flèches,
Ne faisait voir en l'air que quatre griffes sèches,
Dont ces deux combattans s'efforçaient d'arracher
Ce peu que sur leurs os les ans laissent de chair.
On n'entend que ces mots, chienne, louve, bagasse.
D'abord leurs escoffions ont volé par la place,
Et, laissant voir à nu deux têtes sans cheveux,
Ont rendu le combat risiblement affreux.
Andrès et Trufaldin, à l'éclat du murmure,
Ainsi que force monde, accourus d'aventure,
Ont à les décharpir eu de la peine assez,
Tant leurs esprits étaient par la fureur poussés.
Cependant que chacune, après cette tempête,
Songe à cacher aux yeux la honte de sa tête,
Et que l'on veut savoir qui causait cette humeur;
Celle qui la première avait fait la rumeur,

ACTE V, SCÈNE XIV.

Malgré la passion dont elle était émue,
Ayant sur Trufaldin tenu long-temps la vue :
C'est vous, si quelque erreur n'abuse ici mes yeux,
Qu'on m'a dit qui vivez inconnu dans ces lieux,
A-t-elle dit tout haut. Ô rencontre opportune !
Oui, seigneur Zanobio Ruberti, la fortune
Me fait vous reconnaître, et dans le même instant
Que pour votre intérêt je me tourmentais tant.
Lorsque Naples vous vit quitter votre famille,
J'avais, vous le savez, en mes mains votre fille
Dont j'élevais l'enfance, et qui, par mille traits,
Faisait voir dès quatre ans sa grace et ses attraits.
Celle que vous voyez, cette infâme sorcière,
Dedans notre maison se rendant familière,
Me vola ce trésor. Hélas ! de ce malheur
Votre femme, je crois, conçut tant de douleur,
Que cela servit fort pour avancer sa vie.
Si bien qu'entre mes mains cette fille ravie
Me faisant redouter un reproche fâcheux,
Je vous fis annoncer la mort de toutes deux.
Mais il faut maintenant, puisque je l'ai connue,
Qu'elle fasse savoir ce qu'elle est devenue.
  Au nom de Zanobio Ruberti, que sa voix
Pendant tout ce récit répétait plusieurs fois,
Andrès, ayant changé quelque temps de visage,
A Trufaldin surpris a tenu ce langage :
Quoi donc ! le ciel me fait trouver heureusement
Celui que jusqu'ici j'ai cherché vainement,
Et que j'avais pu voir sans pourtant reconnaître
La source de mon sang et l'auteur de mon être !

CÉLIE.

Quoi?

MASCARILLE.

La fin d'une vraie et pure comédie.
La vieille Egyptienne à l'heure même...

CÉLIE.

Hé bien?

MASCARILLE.

Passait dedans la place et ne songeait à rien,
Alors qu'une autre vieille assez défigurée,
L'ayant de près au nez long-temps considérée,
Par un bruit enroué de mots injurieux
A donné le signal d'un combat furieux,
Qui pour armes pourtant, mousquets, dagues, ou flèches,
Ne faisait voir en l'air que quatre griffes sèches,
Dont ces deux combattans s'efforçaient d'arracher
Ce peu que sur leurs os les ans laissent de chair.
On n'entend que ces mots, chienne, louve, bagasse.
D'abô d' leurs escoffions ont volé par la place,
Et, laissant voir à nu deux têtes sans cheveux,
Ont rendu le combat risiblement affreux.
Andrès et Trufaldin, à l'éclat du murmure,
Ainsi que force monde, accourus d'aventure,
Ont à les décharpir eu de la peine assez,
Tant leurs esprits étaient par la fureur poussés.
Cependant que chacune, après cette tempête,
Songe à cacher aux yeux la honte de sa tête,
Et que l'on veut savoir qui causait cette humeur;
Celle qui la première avait fait la rumeur,

ACTE IV, SCÈNE XIV.

Malgré la passion dont elle était émue,
Ayant sur Trufaldin tenu long-temps la vue :
C'est vous, si quelque erreur n'abuse ici mes yeux,
Qu'on m'a dit qui vivez inconnu dans ces lieux,
A-t-elle dit tout haut. O rencontre opportune !
Oui, seigneur Zanobio Ruberti, la fortune
Me fait vous reconnaître, et dans le même instant
Que pour votre intérêt je me tourmentais tant.
Lorsque Naples vous vit quitter votre famille,
J'avais, vous le savez, en mes mains votre fille
Dont j'élevais l'enfance, et qui, par mille traits,
Faisait voir dès quatre ans sa grace et ses attraits.
Celle que vous voyez, cette infâme sorcière,
Dedans notre maison se rendant familière,
Me vola ce trésor. Hélas ! de ce malheur
Votre femme, je crois, conçut tant de douleur
Que cela servit fort pour avancer sa vie.
Si bien qu'entre mes mains cette fille ravie
Me faisant redouter un reproche fâcheux,
Je vous fis annoncer la mort de toutes deux.
Mais il faut maintenant, puisque je l'ai connue,
Qu'elle fasse savoir ce qu'elle est devenue.
  Au nom de Zanobio Ruberti, que sa voix
Pendant tout ce récit répétait plusieurs fois,
Andrès, ayant changé quelque temps de visage,
A Trufaldin surpris a tenu ce langage :
Quoi donc ! le ciel me fait trouver heureusement
Celui que jusqu'ici j'ai cherché vainement,
Et que j'avais pu voir sans pourtant reconnaître
La source de mon sang et l'auteur de mon être !

Si j'ai devant les yeux ce que vous pouvez dire.
LÉANDRE.
Un généreux pardon est ce que je désire :
Mais j'atteste les cieux qu'en ce retour soudain
Mon père fait bien moins que mon propre dessein.
ANDRÈS, à Célie.
Qui l'aurait jamais cru que cette ardeur si pure
Pût être condamnée un jour par la nature?
Toutefois tant d'honneur la sut toujours régir,
Qu'en y changeant fort peu je puis la retenir.
CÉLIE.
Pour moi, je me blâmais et croyais faire faute
Quand je n'avais pour vous qu'une estime très-haute;
Je ne pouvais savoir quel obstacle puissant
M'arrêtait sur un pas si doux et si glissant,
Et détournait mon cœur de l'aveu d'une flamme
Que mes sens s'efforçaient d'introduire en mon ame.
TRUFALDIN, à Célie.
Mais, en te recouvrant, que diras-tu de moi,
Si je songe aussitôt à me priver de toi,
Et t'engage à son fils sous les lois d'hyménée?
CÉLIE.
Que de vous maintenant dépend ma destinée.

SCÈNE XVI.
TRUFALDIN, ANSELME, PANDOLFE, CÉLIE, HIPPOLYTE, LÉLIE, LÉANDRE, ANDRÈS, MASCARILLE.

MASCARILLE, à Lélie.
Voyons si votre diable aura bien le pouvoir

ACTE V, SCÈNE XVI.

De détruire à ce coup un si solide espoir,
Et si, contre l'excès du bien qui nous arrive,
Vous amenerez encor votre imaginative.
Par un coup imprévu des destins les plus doux,
Vos vœux sont couronnés, et Célie est à vous.

LÉLIE.

Croirai-je que du ciel la puissance absolue...?

TRUFALDIN.

Oui, mon gendre, il est vrai.

PANDOLFE.

La chose est résolue.

ANDRÈS, *à Lélie.*

Je m'acquitte par-là de ce que je vous dois.

LÉLIE, *à Mascarille.*

Il faut que je t'embrasse et mille et mille fois.
Dans cette joie...

MASCARILLE.

Aie? Aie! doucement, je vous prie.
Il m'a presque étouffé. Je crains fort pour Célie,
Si vous la caressez avec tant de transport.
De vos embrassements on se passerait fort.

TRUFALDIN, *à Lélie.*

Vous savez le bonheur que le ciel me renvoie.
Mais puisqu'un même jour nous met tous dans la joie,
Ne nous séparons point qu'il ne soit terminé;
Et que son père aussi nous soit vîte amené.

MASCARILLE.

Vous voilà tous pourvus. N'est-il point quelque fille
Qui pût accommoder le pauvre Mascarille?
A voir chacun se joindre à sa chacune ici,

J'ai des démangeaisons de mariage aussi.

ANSELME.

J'ai ton fait.

MASCARILLE.

Allons donc; et que les cieux prospères
Nous donnent des enfants dont nous soyons les pères !

FIN DE L'ÉTOURDI.

LES PRÉCIEUSES RIDICULES,

COMÉDIE

EN UN ACTE.

1659.

PERSONNAGES.

LA GRANGE,
DU CROISY, } amants rebutés,
GORGIBUS, bon bourgeois.
MADELON, fille de Gorgibus, précieuse ridicule.
CATHOS, nièce de Gorgibus, précieuse ridicule.
MAROTTE, servante des précieuses ridicules.
ALMANZOR, laquais des précieuses ridicules.
Le marquis DE MASCARILLE, valet de La Grange.
Le vicomte DE JODELET, valet de Du Croisy.
LUCILE, voisine de Gorgibus.
CÉLIMÈNE, voisine de Gorgibus.
DEUX PORTEURS DE CHAISE.
VIOLONS.

La Scène est à Paris, dans la maison de Gorgibus.

LES PRÉCIEUSES RIDICULES,

COMÉDIE.

SCÈNE I.

LA GRANGE, DU CROISY.

DU CROISY.

Seigneur la Grange....

LA GRANGE.

Quoi ?

DU CROISY.

Regardez-moi un peu sans rire.

LA GRANGE.

Hé bien ?

DU CROISY.

Que dites-vous de notre visite ? En êtes-vous fort satisfait ?

LA GRANGE.

A votre avis, avons-nous sujet de l'être tous deux ?

DU CROISY.

Pas tout-à-fait, à dire vrai.

LA GRANGE.

Pour moi, je vous avoue que j'en suis tout scandalisé. A-t-on jamais vu, dites-moi, deux pecques provinciales faire plus les renchéries que celles-là, et deux hommes traités avec plus de mépris que nous? A peine ont-elles pu se résoudre à nous faire donner des siéges. Je n'ai jamais vu tant parler à l'oreille qu'elles ont fait entre elles, tant bâiller, tant se frotter les yeux, et demander tant de fois : Quelle heure est-il? Ont-elles répondu que oui et non à tout ce que nous avons pu leur dire? Et ne m'avouerez-vous pas enfin que, quand nous aurions été les dernières personnes du monde, on ne pouvait nous faire pis qu'elles ont fait?

DU CROISY.

Il me semble que vous prenez la chose fort à cœur.

LA GRANGE.

Sans doute, je l'y prends, et de telle façon que je me veux venger de cette impertinence. Je connais ce qui nous a fait mépriser. L'air précieux n'a pas seulement infecté Paris; il s'est aussi répandu dans les provinces, et nos donzelles ridicules en ont humé leur bonne part. En un mot, c'est un ambigu de précieuse et de coquette que leur personne. Je vois ce qu'il faut être pour en être bien reçu; et si vous m'en croyez, nous leur jouerons tous deux une pièce qui leur fera voir leur sottise, et pourra leur apprendre à connaître un peu mieux leur monde.

DU CROISY.

Et comment encore?

SCÈNE II.
LA GRANGE.

J'ai un certain valet, nommé Mascarille, qui passe, au sentiment de beaucoup de gens, pour une manière de bel esprit; car il n'y a rien à meilleur marché que le bel esprit maintenant. C'est un extravagant qui s'est mis dans la tête de vouloir faire l'homme de condition. Il se pique ordinairement de galanterie et de vers, et dédaigne les autres valets, jusqu'à les appeler brutaux.

DU CROISY.
Hé bien! qu'en prétendez-vous faire?

LA GRANGE.
Ce que j'en prétends faire? Il faut... Mais sortons d'ici auparavant.

SCÈNE II.
GORGIBUS, DU CROISY, LA GRANGE.

GORGIBUS.
Hé bien! vous avez vu ma nièce et ma fille? Les affaires iront-elles bien? Quel est le résultat de cette visite?

LA GRANGE.
C'est une chose que vous pourrez mieux apprendre d'elles que de nous. Tout ce que nous pouvons vous dire, c'est que nous vous rendons grâce de la faveur que vous nous avez faite, et demeurons vos très-humbles serviteurs.

DU CROISY.
Vos très-humbles serviteurs.

GORGIBUS, *seul.*

Ouais ! il semble qu'ils sortent mal satisfaits d'ici. D'où pourrait venir leur mécontentement ? Il faut savoir un peu ce que c'est. Holà.

SCÈNE III.

GORGIBUS, MAROTTE.

MAROTTE.

Que désirez-vous, monsieur ?

GORGIBUS.

Où sont vos maîtresses ?

MAROTTE.

Dans leur cabinet.

GORGIBUS.

Que font-elles ?

MAROTTE.

De la pommade pour les lèvres.

GORGIBUS.

C'est trop pommadé : dites-leur qu'elles descendent.

SCÈNE IV.

GORGIBUS, *seul.*

Ces pendardes-là, avec leur pommade, ont, je pense, envie de me ruiner. Je ne vois par-tout que blancs d'œufs, lait virginal, et mille autres brimborions que je ne connais point. Elles ont usé, depuis que nous sommes ici le lard d'une douzaine de cochons, pour le moins; et quatre valets vivraient tous les jours des pieds de moutons qu'elles emploient.

SCÈNE V.
MADELON, CATHOS, GORGIBUS.

GORGIBUS.

Il est bien nécessaire, vraiment, de faire tant de dépense pour vous graisser le museau! Dites-moi un peu ce que vous avez fait à ces messieurs, que je les vois sortir avec tant de froideur. Vous avais-je pas commandé de les recevoir comme des personnes que je voulais vous donner pour maris?

MADELON.

Et quelle estime, mon père, voulez-vous que nous fassions du procédé irrégulier de ces gens-là?

CATHOS.

Le moyen, mon oncle, qu'une fille un peu raisonnable se pût accommoder de leur personne?

GORGIBUS.

Et qu'y trouvez vous à redire?

MADELON.

La belle galanterie que la leur! Quoi! débuter d'abord par le mariage!

GORGIBUS.

Et par où veux-tu donc qu'ils débutent? par le concubinage? N'est-ce pas un procédé dont vous avez sujet de vous louer toutes deux, aussi bien que moi? Est-il rien de plus obligeant que cela? Et ce lien sacré où ils aspirent n'est-il pas un témoignage de l'honnêteté de leurs intentions?

MADELON.

Ah ! mon père, ce que vous dites là est du dernier bourgeois. Cela me fait honte de vous ouïr parler de la sorte ; et vous devriez un peu vous faire apprendre le bel air des choses.

GORGIBUS.

Je n'ai que faire ni d'air ni de chanson. Je te dis que le mariage est une chose sacrée, et que c'est faire en honnêtes gens que de débuter par-là.

MADELON.

Mon dieu ! que si tout le monde vous ressemblait, un roman serait bientôt fini ! La belle chose que ce serait si d'abord Cyrus épousait Mandane, et qu'Aronce de plain-pied fût marié à Clélie !

GORGIBUS.

Que me vient conter celle-ci ?

MADELON.

Mon père, voilà ma cousine qui vous dira, aussi bien que moi, que le mariage ne doit jamais arriver qu'après les autres aventures. Il faut qu'un amant, pour être agréable, sache débiter de beaux sentimens, pousser le doux, le tendre et le passionné, et que sa recherche soit dans les formes. Premièrement, il doit voir au temple, ou à la promenade, ou dans quelque cérémonie publique, la personne dont il devient amoureux ; ou bien être conduit fatalement chez elle par un parent ou un ami, et sortir de là tout rêveur et mélancolique. Il cache un temps sa passion à l'objet aimé, et cependant lui rend plusieurs visites, où l'on ne manque jamais de mettre

sur le tapis une question galante qui exerce les es·
prits de l'assemblée. Le jour de la déclaration arrive,
qui se doit faire ordinairement dans une allée de
quelque jardin, tandis que la compagnie s'est un peu
éloignée; et cette déclaration est suivie d'un prompt
courroux qui paraît à notre rougeur, et qui, pour
un temps, bannit l'amant de notre présence. Ensuite
il trouve moyen de nous appaiser, de nous accou-
tumer insensiblement au discours de sa passion, et
de tirer de nous cet aveu qui fait tant de peine. Après
cela viennent les aventures, les rivaux qui se jettent
à la traverse d'une inclination établie, les persécutions des pères, les jalousies conçues sur de fausses
apparences, les plaintes, les désespoirs, les enlève-
ments, et ce qui s'ensuit. Voilà comme les choses se
traitent dans les belles manières; et ce sont des
règles dont, en bonne galanterie, on ne saurait se
dispenser. Mais en venir de but en blanc à l'union
conjugale, ne faire l'amour qu'en faisant le contrat
de mariage, et prendre justement le roman par la
queue; encore un coup, mon père, il ne se peut rien
de plus marchand que ce procédé: et j'ai mal au
cœur de la seule vision que cela me fait.

GORGIBUS.

Quel diable de jargon entends-je ici? Voici bien
du haut style.

CATHOS.

En effet, mon oncle, ma cousine donne dans le
vrai de la chose. Le moyen de bien recevoir des gens
qui sont tout à-fait incongrus en galanterie! Je m'en

vais gager qu'ils n'ont jamais vu la carte de Tendre, et que Billets-doux, Petits-soins, Billets-galants et Jolis-vers, sont des terres inconnues pour eux. Ne voyez-vous pas que toute leur personne marque cela, et qu'ils n'ont point cet air qui donne d'abord bonne opinion des gens? Venir en visite amoureuse avec une jambe tout unie, un chapeau désarmé de plumes, une tête irrégulière en cheveux, et un habit qui souffre une indigence de rubans ; mon dieu ! quels amants sont-ce là ! Quelle frugalité d'ajustement, et quelle sécheresse de conversation ! On n'y dure point, on n'y tient pas. J'ai remarqué encore que leurs rabats ne sont point de la bonne faiseuse, et qu'il s'en faut plus d'un grand demi-pied que leurs hauts-de-chausses ne soient assez larges.

GORGIBUS.

Je pense qu'elles sont folles toutes deux, et je ne puis rien comprendre à ce baragouin. Cathos, et vous, Madelon...

MADELON.

Hé ! de grâce, mon père, défaites-vous de ces noms étranges, et nous appelez autrement.

GORGIBUS.

Comment, ces noms étranges ! ne sont-ce pas vos noms de baptême ?

MADELON.

Mon dieu ! que vous êtes vulgaire ! Pour moi, un de mes étonnements, c'est que vous ayez pu faire une fille si spirituelle que moi. A-t-on jamais parlé, dans le beau style, de Cathos ni de Madelon ? et ne

SCÈNE V.

m'avouerez-vous pas que ce serait assez d'un de ces noms pour décrier le plus beau roman du monde ?

CATHOS.

Il est vrai, mon oncle, qu'une oreille un peu délicate pâtit furieusement à entendre prononcer ces mots-là ; et le nom de Polixène, que ma cousine a choisi, et celui d'Aminte, que je me suis donné, ont une grâce dont il faut que vous demeuriez d'accord.

GORGIBUS.

Ecoutez ; il n'y a qu'un mot qui serve. Je n'entends point que vous ayez d'autres noms que ceux qui vous ont été donnés par vos parrains et vos marraines. Et pour ces messieurs dont il est question, je connais leurs familles et leurs biens, et je veux résolument que vous vous disposiez à les recevoir pour maris. Je me lasse de vous avoir sur les bras ; et la garde de deux filles est une charge un peu trop pesante pour un homme de mon âge.

CATHOS.

Pour moi, mon oncle, tout ce que je puis vous dire, c'est que je trouve le mariage une chose tout-à-fait choquante. Comment est-ce qu'on peut souffrir la pensée de coucher contre un homme vraiment nu ?

MADELON.

Souffrez que nous prenions un peu haleine parmi le beau monde de Paris, où nous ne faisons que d'arriver. Laissez-nous faire à loisir le tissu de notre roman, et n'en pressez point tant la conclusion.

GORGIBUS, *à part.*

Il n'en faut point douter, elles sont achevées.
(*haut.*)
Encore un coup, je n'entends rien à toutes ces balivernes, je veux être maître absolu; et pour trancher toutes sortes de discours, ou vous serez mariées toutes deux avant qu'il soit peu, ou, ma foi, vous serez religieuses; j'en fais un bon serment.

SCÈNE VI.
CATHOS, MADELON.

CATHOS.

Mon dieu, ma chère, que ton père a la forme enfoncée dans la matière! Que son intelligence est épaisse! et qu'il fait sombre dans son ame!

MADELON.

Que veux-tu, ma chère? j'en suis en confusion pour lui : j'ai peine à me persuader que je puisse être véritablement sa fille, et je crois que quelque aventure un jour me viendra développer une naissance plus illustre.

CATHOS.

Je le croirais bien; oui, il y a toutes les apparences du monde. Et pour moi, quand je me regarde aussi...

SCÈNE VII.
CATHOS, MADELON, MAROTTE.

MAROTTE.

Voilà un laquais qui demande si vous êtes au

SCÈNE VII.

logis, et dit que son maître vous veut venir voir.

MADELON.

Apprenez, sotte, à vous énoncer moins vulgairement. Dites : voilà un nécessaire qui demande si vous êtes en commodité d'être visibles.

MAROTTE.

Dame ! je n'entends point le latin ; et je n'ai pas appris, comme vous, la filofie dans le Cyre.

MADELON.

L'impertinente ! Le moyen de souffrir cela ! Et qui est-il, le maître de ce laquais ?

MAROTTE.

Il me l'a nommé le marquis de Mascarille.

MADELON.

Ah ! ma chère, un marquis ! un marquis ! Oui, allez dire qu'on peut nous voir. C'est sans doute un bel esprit qui a ouï parler de nous.

CATHOS.

Assurément, ma chère.

MADELON.

Il faut le recevoir dans cette salle basse plutôt qu'en notre chambre. Ajustons un peu nos cheveux au moins, et soutenons notre réputation. Vîte, venez nous tendre ici dedans le conseiller des grâces.

MAROTTE.

Par ma foi, je ne sais point quelle bête c'est là ; il faut parler chrétien, si vous voulez que je vous entende.

CATHOS.

Apportez-nous le miroir, ignorante que vous êtes, et gardez-vous bien d'en salir la glace par la communication de votre image.

(*Elles sortent.*)

SCÈNE VIII.

MASCARILLE, DEUX PORTEURS.

MASCARILLE.

Holà, porteurs, holà. Là, là, là, là, là, là. Je pense que ces marauds-là ont dessein de me briser, à force de heurter contre les murailles et les pavés.

I. PORTEUR.

Dame! c'est que la porte est étroite. Vous avez voulu aussi que nous soyons entrés jusqu'ici.

MASCARILLE.

Je le crois bien. Voudriez-vous, faquins, que j'exposasse l'embonpoint de mes plumes aux inclémences de la saison pluvieuse, et que j'allasse imprimer mes souliers en boue? Allez, ôtez votre chaise d'ici.

II. PORTEUR.

Payez-nous donc, s'il vous plaît, monsieur.

MASCARILLE.

Hé?

II. PORTEUR.

Je dis, monsieur, que vous nous donniez de l'argent, s'il vous plaît.

SCÈNE VIII.

MASCARILLE, *lui donnant un soufflet.*

Comment, coquin! demander de l'argent à une personne de ma qualité!

II. PORTEUR.

Est-ce ainsi qu'on paie les pauvres gens? et votre qualité nous donne-t-elle à dîner?

MASCARILLE.

Ah! ah! je vous apprendrai à vous connaître. Ces canailles-là s'osent jouer à moi!

I. PORTEUR, *prenant un des bâtons de sa chaise.*

Çà, payez-nous vîtement.

MASCARILLE.

Quoi?

I. PORTEUR.

Je dis que je veux avoir de l'argent tout-à-l'heure.

MASCARILLE.

Il est raisonnable celui-là.

I. PORTEUR.

Vîte donc.

MASCARILLE.

Oui-dà, tu parles comme il faut, toi; mais l'autre est un coquin qui ne sait ce qu'il dit. Tiens, es-tu content?

I. PORTEUR.

Non, je ne suis pas content; vous avez donné un soufflet à mon camarade, et... (*levant son bâton.*)

MASCARILLE.

Doucement; tiens, voilà pour le soufflet. On

obtient tout de moi quand on s'y prend de la bonne façon. Allez, venez me reprendre tantôt pour aller au Louvre, au petit coucher.

SCÈNE IX.
MAROTTE, MASCARILLE.

MAROTTE.

Monsieur, voilà mes maîtresses qui vont venir tout-à-l'heure.

MASCARILLE.

Qu'elles ne se pressent point ; je suis ici posté commodément pour attendre.

MAROTTE.

Les voici.

SCÈNE X.
MADELON, CATHOS, MASCARILLE, ALMANZOR.

MASCARILLE, *après avoir salué.*

Mesdames, vous serez surprises, sans doute, de l'audace de ma visite : mais votre réputation vous attire cette méchante affaire ; et le mérite a pour moi des charmes si puissants, que je cours par-tout après lui.

MADELON.

Si vous poursuivez le mérite, ce n'est pas sur nos terres que vous devez chasser.

CATHOS.

Pour voir chez nous le mérite, il a fallu que vous l'y ayez amené.

SCÈNE X.

MASCARILLE.

Ah! je m'inscris en faux contre vos paroles. La renommée accuse juste en contant ce que vous valez; et vous allez faire pic repic et capot tout ce qu'il y a de galant dans Paris.

MADELON.

Votre complaisance pousse un peu trop avant la libéralité de ses louanges; et nous n'avons garde, ma cousine et moi, de donner de notre sérieux dans le doux de votre flatterie.

CATHOS.

Ma chère, il faudrait faire donner des siéges.

MADELON.

Holà! Almanzor.

ALMANZOR.

Madame?

MADELON.

Vite, voiturez-nous ici les commodités de la conversation.

MASCARILLE.

Mais, au moins, y a-t-il sûreté ici pour moi?
(*Almanzor sort.*)

CATHOS.

Que craignez-vous?

MASCARILLE.

Quelque vol de mon cœur, quelque assassinat de ma franchise. Je vois ici deux yeux qui ont la mine d'être de fort mauvais garçons, de faire insulte aux libertés, et de traiter une ame de Turc à Maure. Comment diable! d'abord qu'on les approche, ils se mettent sur leurs gardes meurtrières! Ah! par ma foi, je m'en défie; et je m'en vais gagner au pied, ou je veux caution bourgeoise qu'ils ne me feront point de mal.

MADELON.

Ma chère, c'est le caractère enjoué.

CATHOS.

Je vois bien que c'est un Amilcar.

MADELON.

Ne craignez rien, nos yeux n'ont point de mauvais desseins, et votre cœur peut dormir en assurance sur leur prud'hommie.

CATHOS.

Mais, de grâce, monsieur, ne soyez point inexorable à ce fauteuil qui vous tend les bras il y a un quart-d'heure; contentez un peu l'envie qu'il a de vous embrasser.

MASCARILLE, *après s'être peigné et avoir ajusté ses canons.*

Hé bien! mesdames, que dites-vous de Paris?

MADELON.

Hélas! qu'en pourrions-nous dire? Il faudrait être l'antipode de la raison pour ne pas confesser que Paris est le grand bureau des merveilles, le centre du bon goût, du bel esprit et de la galanterie.

MASCARILLE.

Pour moi, je tiens que, hors de Paris, il n'y a point de salut pour les honnêtes gens.

SCÈNE X.

CATHOS.

C'est une vérité incontestable.

MASCARILLE.

Il y fait un peu crotté; mais nous avons la chaise.

MADELON.

Il est vrai que la chaise est un retranchement merveilleux contre les insultes de la boue et du mauvais temps.

MASCARILLE.

Vous recevez beaucoup de visites? Quel bel esprit est des vôtres?

MADELON.

Hélas! nous ne sommes pas encore connues, mais nous sommes en passe de l'être, et nous avons une amie particulière qui nous a promis d'amener ici tous ces messieurs du recueil des pièces choisies.

CATHOS.

Et certains autres qu'on nous a nommés aussi pour être les arbitres souverains des belles choses.

MASCARILLE.

C'est moi qui ferai votre affaire mieux que personne: ils me rendent tous visite; et je puis dire que je ne me lève jamais sans une demi-douzaine de beaux esprits.

MADELON.

Hé! mon dieu! nous vous serons obligées de la dernière obligation, si vous nous faites cette amitié; car enfin il faut avoir la connaissance de tous ces messieurs-là, si l'on veut être du beau monde. Ce sont eux qui donnent le branle à la réputation dans Paris; et vous savez qu'il y en a tel dont il ne faut que la seule fréquentation pour vous donner bruit de connaisseuse, quand il n'y aurait rien autre chose que cela. Mais pour moi, ce que je considère particulièrement, c'est que, par le moyen de ces visites spirituelles, on est instruit de cent choses qu'il faut savoir de nécessité, et qui sont de l'essence du bel esprit. On apprend par-là chaque jour les petites nouvelles galantes, les jolis commerces de prose ou de vers. On sait à point nommé : un tel a composé la plus jolie pièce du monde sur un tel sujet ; une telle a fait des paroles sur un tel air : celui-ci a fait un madrigal sur une jouissance ; celui-là a composé des stances sur une infidélité ; monsieur un tel écrivit hier au soir un sixain à mademoiselle une telle, dont elle lui a envoyé la réponse ce matin sur les huit heures : un tel auteur a fait un tel dessein ; celui-là est à la troisième partie de son roman, cet autre met ses ouvrages sous la presse. C'est là ce qui vous fait valoir dans les compagnies ; et si l'on ignore ces choses, je ne donnerais pas un clou de tout l'esprit qu'on peut avoir.

CATHOS.

En effet, je trouve que c'est renchérir sur les ridicules, qu'une personne se pique d'esprit, et ne sache pas jusqu'au moindre petit quatrain qui se fait chaque jour ; et pour moi j'aurais toutes les hontes du monde, s'il fallait qu'on vînt à me demander si j'aurais vu quelque chose de nouveau que je n'aurais pas vu.

MASCARILLE.

Il est vrai qu'il est honteux de n'avoir pas des premiers tout ce qui se fait. Mais ne vous mettez pas en peine; je veux établir chez vous une académie de beaux esprits; et je vous promets qu'il ne se fera pas un bout de vers dans Paris que vous ne sachiez par cœur avant tous les autres. Pour moi, tel que vous me voyez, je m'en escrime un peu quand je veux; et vous verrez courir de ma façon, dans les belles ruelles de Paris, deux cents chansons, autant de sonnets, quatre cents épigrammes, et plus de mille madrigaux, sans compter les énigmes et les portraits.

MADELON.

Je vous avoue que je suis furieusement pour les portraits; je ne vois rien de si galant que cela.

MASCARILLE.

Les portraits sont difficiles, et demandent un esprit profond : vous en verrez de ma manière qui ne vous déplairont pas.

CATHOS.

Pour moi, j'aime terriblement les énigmes.

MASCARILLE.

Cela exerce l'esprit, et j'en ai fait quatre encore ce matin, que je vous donnerai à deviner.

MADELON.

Les madrigaux sont agréables quand ils sont bien tournés.

MASCARILLE.

C'est mon talent particulier, et je travaille à mettre en madrigaux toute l'histoire romaine.

MADELON.

Ah! certes, cela sera du dernier beau! j'en retiens un exemplaire au moins, si vous le faites imprimer.

MASCARILLE.

Je vous en promets à chacune un, et des mieux reliés. Cela est au-dessous de ma condition; mais je le fais seulement pour donner à gagner aux libraires qui me persécutent.

MADELON.

Je m'imagine que le plaisir est grand de se voir imprimer.

MASCARILLE.

Sans doute. Mais, à propos, il faut que je vous die un in-promptu que je fis hier chez une duchesse de mes amies que je fus visiter; car je suis diablement fort sur les in-promptu.

CATHOS.

L'in-promptu est justement la pierre de touche de l'esprit.

MASCARILLE.

Ecoutez donc.

MADELON.

Nous y sommes de toutes nos oreilles.

MASCARILLE.

Oh! oh! je n'y prenais pas garde :
Tandis que, sans songer à mal, je vous regarde,

Votre œil en tapinois me dérobe mon cœur.
Au voleur! au voleur! au voleur! au voleur!

CATHOS.

Ah! mon dieu! voilà qui est poussé dans le dernier galant.

MASCARILLE.

Tout ce que je fais a l'air cavalier; cela ne sent point le pédant.

MADELON.

Il en est éloigné de plus de deux mille lieues.

MASCARILLE.

Avez-vous remarqué ce commencement *oh! oh!* Voilà qui est extraordinaire, *oh! oh!* comme un homme qui s'avise tout d'un coup, *oh! oh!* La surprise, *oh! oh!*

MADELON.

Oui, je trouve ce *oh! oh!* admirable.

MASCARILLE.

Il semble que cela ne soit rien.

CATHOS.

Ah! mon dieu! que dites-vous? Ce sont là de ces sortes de choses qui ne se peuvent payer.

MADELON.

Sans doute; et j'aimerais mieux avoir fait ce *oh! oh!* qu'un poème épique.

MASCARILLE.

Tudieu! vous avez le goût bon.

MADELON.

Hé! je ne l'ai pas tout à fait mauvais.

MASCARILLE.

Mais n'admirez-vous pas aussi, *je n'y prenais pas garde? je n'y prenais pas garde*, je ne m'apercevais pas de cela; façon de parler naturelle, *je n'y prenais pas garde. Tandis que, sans songer à mal*, tandis qu'innocemment, sans malice, comme un pauvre mouton, *je vous regarde*, c'est-a-dire, je m'amuse à vous considérer, je vous observe, je vous contemple; *votre œil en tapinois....* Que vous semble de ce mot, *tapinois?* n'est-il pas bien choisi?

CATHOS.

Tout à fait bien.

MASCARILLE.

Tapinois, en cachette; il semble que ce soit un chat qui vienne de prendre une souris. *Tapinois*.

MADELON.

Il ne se peut rien de mieux.

MASCARILLE.

Me dérobe mon cœur, me l'emporte, me le ravit. Au voleur! au voleur! au voleur! au voleur! Ne diriez-vous pas que c'est un homme qui crie et court après un voleur pour le faire arrêter? Au voleur! au voleur! au voleur! au voleur!

MADELON.

Il faut avouer que cela a un tour spirituel et galant.

MASCARILLE.

Je veux vous dire l'air que j'ai fait dessus.

CATHOS.

Vous avez appris la musique?

SCÈNE X.
MASCARILLE.
Moi ? Point du tout.
CATHOS.
Et comment donc cela se peut-il ?
MASCARILLE.
Les gens de qualité savent tout sans avoir jamais rien appris.
MADELON.
Assurément, ma chère.
MASCARILLE.
Ecoutez si vous trouverez l'air à votre goût, *Hem, hem, la, la, la, la, la*. La brutalité de la saison a furieusement outragé la délicatesse de ma voix : mais il n'importe, c'est à la cavalière.

(*Il chante.*)
    Oh ! oh ! je n'y prenais pas garde, etc.
CATHOS.
Ah ! que voilà un air qui est passionné ! Est-ce qu'on n'en meurt point ?
MADELON.
Il y a de la chromatique là-dedans.
MASCARILLE.
Ne trouvez-vous pas la pensée bien exprimée dans le chant ? *Au voleur ! au voleur ! au voleur !* Et puis comme si l'on criait bien fort, *au, au, au, au, au voleur !* Et tout d'un coup, comme une personne essoufflée, *au voleur !*
MADELON.
C'est là savoir le fin des choses, le grand fin, le

fin du fin. Tout est merveilleux, je vous assure; je suis enthousiasmée de l'air et des paroles.

CATHOS.

Je n'ai encore rien vu de cette force-là.

MASCARILLE.

Tout ce que je fais me vient naturellement; c'est sans étude.

MADELON.

La nature vous a traité en vraie mère passionnée; et vous en êtes l'enfant gâté.

MASCARILLE.

A quoi donc passez-vous le temps, mesdames?

CATHOS.

A rien du tout.

MADELON.

Nous avons été jusqu'ici dans un jeûne effroyable de divertissements.

MASCARILLE.

Je m'offre à vous mener l'un de ces jours à la comédie, si vous voulez; aussi bien on en doit jouer une nouvelle que je serai bien aise que nous voyions ensemble.

MADELON.

Cela n'est pas de refus.

MASCARILLE.

Mais je vous demande d'applaudir comme il faut quand nous serons là; car je me suis engagé de faire valoir la pièce, et l'auteur m'en est venu prier encore ce matin. C'est la coutume ici qu'à nous autres gens de condition les auteurs viennent lire leurs pièces nouvelles pour nous engager à les trouver belles et leur donner de la réputation; et je vous laisse à penser si, quand nous disons quelque chose, le parterre ose nous contredire. Pour moi, j'y suis fort exact; et quand j'ai promis à quelque poète, je crie toujours, Voilà qui est beau! devant que les chandelles soient allumées.

MADELON.

Ne m'en parlez point, c'est un admirable lieu que Paris; il s'y passe cent choses tous les jours qu'on ignore dans les provinces, quelque spirituelle qu'on puisse être.

CATHOS.

C'est assez; puisque nous sommes instruites, nous ferons notre devoir de nous écrier comme il faut sur tout ce qu'on dira.

MASCARILLE.

Je ne sais si je me trompe, mais vous avez toute la mine d'avoir fait quelque comédie.

MADELON.

Hé! il pourrait être quelque chose de ce que vous dites.

MASCARILLE.

Ah! ma foi, il faudra que nous la voyions. Entre nous, j'en ai composé une que je veux faire représenter.

CATHOS.

Hé! à quels comédiens la donnerez-vous?

MASCARILLE.

Belle demande! Aux comédiens de l'hôtel de

Bourgogne ; il n'y a qu'eux qui soient capables de faire valoir les choses : les autres sont des ignorants qui récitent comme l'on parle ; ils ne savent pas faire ronfler les vers et s'arrêter au bel endroit. Et le moyen de connaître où est le beau vers, si le comédien ne s'y arrête, et ne vous avertit par-là qu'il faut faire le brouhaha ?

CATHOS.

En effet, il y a manière de faire sentir aux auditeurs les beautés d'un ouvrage ; et les choses ne valent que ce qu'on les fait valoir.

MASCARILLE.

Que vous semble de ma petite oie ? La trouvez-vous congruente à l'habit ?

CATHOS.

Tout-à-fait.

MASCARILLE.

Le ruban en est bien choisi ?

MADELON.

Furieusement bien. C'est Perdrigeon tout pur.

MASCARILLE.

Que dites-vous de mes canons ?

MADELON.

Ils ont tout-à-fait bon air.

MASCARILLE.

Je puis me vanter au moins qu'ils ont un grand quartier plus que tous ceux qu'on fait.

MADELON.

Il faut avouer que je n'ai jamais vu porter si haut l'élégance de l'ajustement.

SCÈNE X.

MASCARILLE.

Attachez un peu sur ces gants la réflexion de votre odorat.

MADELON.

Ils sentent terriblement bon.

CATHOS.

Je n'ai jamais respiré une odeur mieux conditionnée.

MASCARILLE.

Et celle-là? (*Il donne à sentir les cheveux poudrés de sa perruque.*)

MADELON.

Elle est tout-à-fait de qualité; le sublime en est touché délicieusement.

MASCARILLE.

Vous ne me dites rien de mes plumes! Comment les trouvez-vous?

CATHOS.

Effroyablement belles.

MASCARILLE.

Savez-vous que le brin me coûte un louis d'or? Pour moi j'ai cette manie de vouloir donner généralement sur tout ce qu'il y a de plus beau.

MADELON.

Je vous assure que nous sympathisons vous et moi. J'ai une délicatesse furieuse pour tout ce que je porte; et, jusqu'à mes chaussettes, je ne puis rien souffrir qui ne soit de la bonne faiseuse.

MASCARILLE, *s'écriant brusquement*.

Ahi! ahi! ahi! doucement. Dieu me damne,

mesdames! c'est fort mal en user; j'ai à me plaindre de votre procédé : cela n'est pas honnête.

CATHOS.

Qu'est-ce donc? qu'avez-vous?

MASCARILLE.

Quoi! toutes deux contre mon cœur en même temps? M'attaquer à droite et à gauche? Ah! c'est contre le droit des gens; la partie n'est pas égale; et je m'en vais crier au meurtre.

CATHOS.

Il faut avouer qu'il dit les choses d'une manière particulière.

MADELON.

Il a un tour admirable dans l'esprit.

CATHOS.

Vous avez plus de peur que de mal, et votre cœur crie avant qu'on l'écorche.

MASCARILLE.

Comment diable! il est écorché depuis la tête jusqu'aux pieds.

SCÈNE XI.

CATHOS, MADELON, MASCARILLE, MAROTTE.

MAROTTE.

Madame, on demande à vous voir.

MADELON.

Qui?

MAROTTE.

Le vicomte de Jodelet.

SCÈNE XII.

MASCARILLE.

Le vicomte de Jodelet?

MAROTTE.

Oui, monsieur.

CATHOS.

Le connaissez-vous?

MASCARILLE.

C'est mon meilleur ami.

MADELON.

Faites entrer vîtement.

MASCARILLE.

Il y a quelque temps que nous ne nous sommes vus, et je suis ravi de cette aventure.

CATHOS.

Le voici.

SCÈNE XII.

CATHOS, MADELON, MASCARILLE, JODELET, MAROTTE, ALMANZOR.

MASCARILLE.

Ah! vicomte!

JODELET. (*Ils s'embrassent l'un l'autre.*)
Ah! marquis!

MASCARILLE.

Que je suis aise de te rencontrer!

JODELET.

Que j'ai de joie de te voir ici!

MASCARILLE.

Baise-moi donc encore un peu, je te prie.

MADELON, *à Cathos.*

Ma toute bonne, nous commençons d'être connues ; voilà le beau monde qui prend le chemin de nous venir voir.

MASCARILLE.

Mesdames, agréez que je vous présente ce gentilhomme-ci ; sur ma parole, il est digne d'être connu de vous.

JODELET.

Il est juste de venir vous rendre ce qu'on vous doit : et vos attraits exigent leurs droits seigneuriaux sur toutes sortes de personnes.

MADELON.

C'est pousser vos civilités jusqu'aux derniers confins de flatterie.

CATHOS.

Cette journée doit être marquée dans notre almanach comme une journée bienheureuse.

MADELON, *à Almanzor.*

Allons, petit garçon, faut-il toujours vous répéter les choses ? Voyez-vous pas qu'il faut le surcroît d'un fauteuil ?

MASCARILLE.

Ne vous étonnez pas de voir le vicomte de la sorte ; il ne fait que sortir d'une maladie qui lui a rendu le visage pâle, comme vous le voyez.

JODELET.

Ce sont fruits des veilles de la cour et des fatigues de la guerre.

SCÈNE XII.

MASCARILLE.

Savez-vous, mesdames, que vous voyez dans le vicomte un des vaillants hommes du siècle? C'est un brave à trois poils.

JODELET.

Vous ne m'en devez rien, marquis; et nous savons ce que vous savez faire aussi.

MASCARILLE.

Il est vrai que nous nous sommes vus tous deux dans l'occasion.

JODELET.

Et dans des lieux où il faisait fort chaud.

MASCARILLE, *regardant Cathos et Madelon.*

Oui, mais non pas si chaud qu'ici. Hi! hi! hi!

JODELET.

Notre connaissance s'est faite à l'armée; et la première fois que nous nous vîmes, il commandait un régiment de cavalerie sur les galères de Malte.

MASCARILLE.

Il est vrai : mais vous étiez pourtant dans l'emploi avant que j'y fusse; et je me souviens que je n'étais que petit officier encore, que vous commandiez deux mille chevaux.

JODELET.

La guerre est une belle chose : mais, ma foi! la cour récompense bien mal aujourd'hui les gens de service comme nous.

MASCARILLE.

C'est ce qui fait que je veux pendre l'épée au croc.

CATHOS.

Pour moi, j'ai un furieux tendre pour les hommes d'épée.

MADELON.

Je les aime aussi; mais je veux que l'esprit assaisonne la bravoure.

MASCARILLE.

Te souvient-il, vicomte, de cette demi-lune que nous emportâmes sur les ennemis au siége d'Arras ?

JODELET.

Que veux-tu dire avec ta demi-lune? C'était bien une lune tout entière.

MASCARILLE.

Je crois que tu as raison.

JODELET.

Il m'en doit bien souvenir, ma foi! j'y fus blessé à la jambe d'un coup de grenade, dont je porte encore les marques. Tâtez un peu, de grâce; vous sentirez quel coup c'était là.

CATHOS, *après avoir touché l'endroit.*

Il est vrai que la cicatrice est grande.

MASCARILLE.

Donnez-moi un peu votre main, et tâtez celui-ci: là, justement au derrière de la tête. Y êtes-vous ?

MADELON.

Oui, je sens quelque chose.

MASCARILLE.

C'est un coup de mousquet que je reçus la dernière campagne que j'ai faite.

SCÈNE XII.

JODELET, *découvrant sa poitrine.*

Voici un coup qui me perça de part en part à l'attaque de Gravelines.

MASCARILLE, *mettant la main sur le bouton de son haut-de-chausse.*

Je vais vous montrer une furieuse plaie.

MADELON.

Il n'est pas nécessaire, nous le croyons sans y regarder.

MASCARILLE.

Ce sont des marques honorables qui font voir ce qu'on est.

CATHOS.

Nous ne doutons pas de ce que vous êtes.

MASCARILLE.

Vicomte, as-tu là ton carrosse?

JODELET.

Pourquoi?

MASCARILLE.

Nous menerions promener ces dames hors des portes, et leur donnerions un cadeau.

MADELON.

Nous ne saurions sortir aujourd'hui.

MASCARILLE.

Ayons donc les violons pour danser.

JODELET.

Ma foi, c'est bien avisé.

MADELON.

Pour cela nous y consentons : mais il faut donc quelque surcroît de compagnie.

MASCARILLE.

Holà, Champagne, Picard, Bourguignon, Casquaret, Basque, la Verdure, Lorrain, Provençal, la Violette. Au diable soient tous les laquais! Je ne pense pas qu'il y ait gentilhomme en France plus mal servi que moi. Ces canailles me laissent toujours seul.

MADELON.

Almanzor, dites aux gens de monsieur le marquis qu'ils aillent quérir les violons, et nous faites venir ces messieurs et ces dames d'ici près pour peupler la solitude de notre bal.

(*Almanzor sort.*)

MASCARILLE.

Vicomte, que dis-tu de ces yeux?

JODELET.

Mais toi-même, marquis, que t'en semble?

MASCARILLE.

Moi je dis que nos libertés auront peine à sortir d'ici les braies nettes. Au moins, pour moi, je reçois d'étranges secousses, et mon cœur ne tient qu'à un filet.

MADELON.

Que tout ce qu'il dit est naturel! Il tourne les choses le plus agréablement du monde.

CATHOS.

Il est vrai qu'il fait une furieuse dépense en esprit.

MASCARILLE.

Pour vous montrer que je suis véritable, je veux faire un in-promptu là-dessus.

(*Il médite.*)

SCÈNE XII.
CATHOS.
Hé! je vous en conjure de toute la dévotion de mon cœur, que nous oyions quelque chose qu'on ait fait pour nous.

JODELET.
J'aurais envie d'en faire autant : mais je me trouve un peu incommodé de la veine poétique pour la quantité de saignées que j'y ai faites ces jours passés.

MASCARILLE.
Que diable est-ce là! Je fais toujours bien le premier vers; mais j'ai peine à faire les autres. Ma foi, ceci est un peu trop pressé; je vous ferai un in-promptu à loisir, que vous trouverez le plus beau du monde.

JODELET.
Il a de l'esprit comme un démon.

MADELON.
Et du galant, et du bien tourné.

MASCARILLE.
Vicomte, dis-moi un peu, y a-t-il long-temps que tu n'as vu la comtesse?

JODELET.
Il y a plus de trois semaines que je ne lui ai rendu visite.

MASCARILLE.
Sais-tu bien que le duc m'est venu voir ce matin, et m'a voulu mener à la campagne courir un cerf avec lui?

MADELON.
Voici nos amis qui viennent.

SCÈNE XIII.

LUCILE, CÉLIMÈNE, CATHOS, MADELON, MASCARILLE, JODELET, MAROTTE, ALMANZOR, VIOLONS.

MADELON.

Mon dieu ! mes chères, nous vous demandons pardon. Ces messieurs ont eu fantaisie de nous donner les ames des pieds, et nous vous avons envoyé quérir pour remplir les vides de notre assemblée.

LUCILE.

Vous nous avez obligées sans doute.

MASCARILLE.

Ce n'est ici qu'un bal à la hâte ; mais, l'un de ces jours, nous vous en donnerons un dans les formes. Les violons sont-ils venus ?

ALMANZOR.

Oui, monsieur, ils sont ici.

CATHOS.

Allons donc, mes chères, prenez place.

MASCARILLE, *dansant lui seul comme par prélude.*

La, la, la, la, la, la, la, la.

MADELON.

Il a la taille tout-à-fait élégante.

CATHOS.

Et a la mine de danser proprement.

MASCARILLE, *ayant pris Madelon pour danser.*

Ma franchise va danser la courante aussi bien que mes pieds. En cadence, violons, en cadence. O quels ignorants! Il n'y a pas moyen de danser avec eux. Le diable vous emporte! ne sauriez-vous jouer en mesure? La, la, la, la, la, la, la, la. Ferme. O violons de village!

JODELET, *dansant ensuite.*

Holà; ne pressez pas si fort la cadence, je ne fais que sortir de maladie.

SCÈNE XIV.

DU CROISY, LA GRANGE, MADELON, CATHOS, LUCILE, CELIMENE, JODELET, MASCARILLE, MAROTTE, VIOLONS.

LA GRANGE, *un bâton à la main.*

Ah! ah! coquins, que faites-vous ici? il y a trois heures que nous vous cherchons.

MASCARILLE, *se sentant battre.*

Ahi! ahi! ahi! vous ne m'aviez pas dit que les coups en seraient aussi.

JODELET.

Ahi! ahi! ahi!

LA GRANGE.

C'est bien à vous, infâme que vous êtes, à vouloir faire l'homme d'importance!

DU CROISY.

Voilà qui vous apprendra à vous connaître!

SCÈNE XV.

CATHOS, MADELON, LUCILE, CELIMENE, MASCARILLE, JODELET, MAROTTE, VIOLONS.

MADELON.

Que veut donc dire ceci?

JODELET.

C'est une gageure.

CATHOS.

Quoi! vous laisser battre de la sorte!

MASCARILLE.

Mon dieu! je n'ai pas voulu faire semblant de rien, car je suis violent, et je me serais emporté.

MADELON.

Endurer un affront comme celui-là en notre présence!

MASCARILLE.

Ce n'est rien, ne laissons pas d'achever. Nous nous connaissons il y a long-temps, et entre amis on ne va pas se piquer pour si peu de chose.

SCÈNE XVI.

DU CROISY, LA GRANGE, MADELON, CATHOS, CELIMENE, LUCILE, JODELET, MASCARILLE, MAROTTE, VIOLONS.

LA GRANGE.

Ma foi, marauds, vous ne vous rirez pas de nous, je vous promets. Entrez, vous autres.

(*Trois ou quatre spadassins entrent.*)

SCÈNE XVI.

MADELON.

Quelle est donc cette audace de venir nous troubler de la sorte dans notre maison?

DU CROISY.

Comment, mesdames! nous endurerons que nos laquais soient mieux reçus que nous, qu'ils viennent vous faire l'amour à nos dépens et vous donner le bal?

MADELON.

Vos laquais?

LA GRANGE.

Oui, nos laquais; et cela n'est ni beau ni honnête de nous les débaucher comme vous faites.

MADELON.

O ciel! quelle insolence!

LA GRANGE.

Mais ils n'auront pas l'avantage de se servir de nos habits pour vous donner dans la vue; et si vous les voulez aimer, ce sera, ma foi, pour leurs beaux yeux. Vite, qu'on les dépouille sur-le-champ.

JODELET.

Adieu notre braverie.

MASCARILLE.

Voilà le marquisat et la vicomté à bas.

DU CROISY.

Ah! ah! coquins, vous avez l'audace d'aller sur nos brisées? Vous irez chercher autre part de quoi vous rendre agréables aux yeux de vos belles, je vous en assure.

LA GRANGE.

C'est trop de nous supplanter, et de nous supplanter avec nos propres habits.

MASCARILLE.

O fortune, quelle est ton inconstance!

DU CROISY.

Vite, qu'on leur ôte jusqu'à la moindre chose.

LA GRANGE.

Qu'on emporte toutes ces hardes, dépêchez. Maintenant, mesdames, en l'état qu'ils sont, vous pouvez continuer vos amours avec eux tant qu'il vous plaira; nous vous laisserons toute sorte de liberté pour cela, et nous vous protestons, monsieur et moi, que nous n'en serons aucunement jaloux.

SCÈNE XVII.

MADELON, CATHOS, JODELET, MASCARILLE, VIOLONS.

CATHOS.

Ah! quelle confusion!

MADELON.

Je crève de dépit.

UN DES VIOLONS, *à Mascarille*.

Qu'est-ce donc, que ceci? Qui nous paiera, nous autres?

MASCARILLE.

Demandez à monsieur le vicomte.

UN DES VIOLONS, *à Jodelet*.

Qui est-ce qui nous donnera de l'argent?

SCÈNE XVIII.

JODELET.

Demandez à monsieur le marquis.

SCÈNE XVIII.

GORGIBUS, MADELON, CATHOS, JODELET, MASCARILLE, VIOLONS.

GORGIBUS.

Ah! coquines que vous êtes, vous nous mettez dans de beaux draps blancs, à ce que je vois! je viens d'apprendre de belles affaires vraiment de ces messieurs et de ces dames qui sortent!

MADELON.

Ah! mon père, c'est une pièce sanglante qu'ils nous ont faite.

GORGIBUS.

Oui, c'est une pièce sanglante, mais qui est un effet de votre impertinence, infâmes. Ils se sont ressentis du traitement que vous leur avez fait; et cependant, malheureux que je suis, il faut que je boive l'affront.

MADELON.

Ah! je jure que nous en serons vengées, ou que je mourrai en la peine. Et vous, marauds, osez-vous vous tenir ici après votre insolence?

MASCARILLE.

Traiter comme cela un marquis! Voilà ce que c'est que du monde; la moindre disgrâce nous fait mépriser de ceux qui nous chérissaient. Allons, camarade, allons chercher fortune autre part; je vois bien qu'on n'aime ici que la vaine apparence, et qu'on n'y considère point la vertu toute nue.

SCÈNE XIX.
GORGIBUS, MADELON, CATHOS, VIOLONS.

UN DES VIOLONS.

Monsieur, nous entendons que vous nous contentiez à leur défaut pour ce que nous avons joué ici.

GORGIBUS, *les battant.*

Oui, oui, je vous vais contenter, et voici la monnaie dont je vous veux payer. Et vous, pendardes, je ne sais qui me tient que je ne vous en fasse autant. Nous allons servir de fable et de risée à tout le monde, et voilà ce que vous vous êtes attiré par vos extravagances. Allez vous cacher, vilaines; allez vous cacher pour jamais. (*Seul.*) Et vous, qui êtes cause de leur folie, sottes billevesées, pernicieux amusements des esprits oisifs, romans, vers, chansons, sonnets et sonnettes, puissiez-vous être à tous les diables !

FIN DES PRÉCIEUSES RIDICULES.

L'ÉCOLE
DES MARIS,
COMÉDIE
EN TROIS ACTES.
1661.

PERSONNAGES.

SGANARELLE, frère d'Ariste.
ARISTE, frère de Sganarelle.
ISABELLE, sœur de Léonor.
LÉONOR, sœur d'Isabelle.
VALÈRE, amant d'Isabelle.
LISETTE, suivante de Léonor.
ERGASTE, valet de Valère.
UN COMMISSAIRE.
UN NOTAIRE.
DEUX LAQUAIS.

La scène est à Paris, dans une place publique.

L'ÉCOLE DES MARIS,
COMÉDIE.

ACTE PREMIER.
SCÈNE I.
SGANARELLE, ARISTE.

SGANARELLE.

Mon frère, s'il vous plaît, ne discourons point tant ;
Et que chacun de nous vive comme il l'entend.
Bien que sur moi des ans vous ayez l'avantage,
Et soyez assez vieux pour devoir être sage,
Je vous dirai pourtant que mes intentions
Sont de ne prendre point de vos corrections,
Que j'ai pour tout conseil ma fantaisie à suivre,
Et me trouve fort bien de ma façon de vivre.

ARISTE.
Mais chacun la condamne.

SGANARELLE.

Oui, des fous comme vous,
Mon frère.

ARISTE.

Grand merci ; le compliment est doux !

SGANARELLE.

Je voudrais bien savoir, puisqu'il faut tout entendre,
Ce que ces beaux censeurs en moi peuvent reprendre.

ARISTE.

Cette farouche humeur dont la sévérité
Fuit toutes les douceurs de la société,
A tous vos procédés inspire un air bizarre,
Et, jusques à l'habit, rend tout chez vous barbare.

SGANARELLE.

Il est vrai qu'à la mode il faut m'assujettir,
Et ce n'est pas pour moi que je me dois vêtir.
Ne voudriez-vous point par vos belles sornettes,
Monsieur mon frère aîné, car, Dieu merci vous l'êtes
D'une vingtaine d'ans, à ne vous rien celer,
Et cela ne vaut pas la peine d'en parler ;
Ne voudriez-vous point, dis-je, sur ces matières,
De vos jeunes muguets m'inspirer les manières ;
M'obliger à porter de ces petits chapeaux
Qui laissent éventer leurs débiles cerveaux,
Et de ces blonds cheveux de qui la vaste enflure
Des visages humains offusque la figure ;
De ces petits pourpoints sous les bras se perdants,
Et de ces grands collets jusqu'au nombril pendants ;
De ces manches qu'à table on voit tâter les sauces,
Et de ces cotillons appelés hauts-de-chausses ;

De ces souliers mignons de rubans revêtus,
Qui vous font ressembler à des pigeons pattus;
Et de ces grands canons où, comme en des entraves,
On met tous les matins ses deux jambes esclaves,
Et par qui nous voyons ces messieurs les galants
Marcher écarquillés ainsi que des volants?
Je vous plairais sans doute équipé de la sorte,
Et je vous vois porter les sottises qu'on porte.

ARISTE.

Toujours au plus grand nombre on doit s'accom-
  moder,
Et jamais il ne faut se faire regarder.
L'un et l'autre excès choque; et tout homme bien
  sage
Doit faire des habits ainsi que du langage,
N'y rien trop affecter, et, sans empressement,
Suivre ce que l'usage y fait de changement.
Mon sentiment n'est pas qu'on prenne la méthode
De ceux qu'on voit toujours enchérir sur la mode,
Et qui, dans ces excès dont ils sont amoureux,
Seraient fâchés qu'un autre eût été plus loin qu'eux :
Mais je tiens qu'il est mal, sur quoi que l'on se fonde,
De fuir obstinément ce que suit tout le monde,
Et qu'il vaut mieux souffrir d'être au nombre des
  fous
Que du sage parti se voir seul contre tous.

SGANARELLE.

Cela sent son vieillard qui, pour en faire accroire,
Cache ses cheveux blancs d'une perruque noire.

ARISTE.

C'est un étrange fait du soin que vous prenez,
A me venir toujours jeter mon âge au nez ;
Et qu'il faille qu'en moi sans cesse je vous voie
Blâmer l'ajustement aussi bien que la joie :
Comme si, condamnée à ne plus rien chérir,
La vieillesse devait ne songer qu'à mourir,
Et d'assez de laideur n'est pas accompagnée
Sans se tenir encor mal-propre et rechignée.

SGANARELLE.

Quoi qu'il en soit, je suis attaché fortement
A ne démordre point de mon habillement.
Je veux une coiffure, en dépit de la mode,
Sous qui toute ma tête ait un abri commode ;
Un bon pourpoint bien long, et fermé comme il faut,
Qui, pour bien digérer, tienne l'estomac chaud ;
Un haut-de-chausse fait justement pour ma cuisse ;
Des souliers où mes pieds ne soient point au supplice,
Ainsi qu'en ont usé sagement nos aïeux :
Et qui me trouve mal n'a qu'à fermer les yeux.

SCÈNE II.

LÉONOR, ISABELLE, LISETTE ; ARISTE
ET SGANARELLE, *parlant bas ensemble sur
le devant du théâtre, sans être aperçus.*

LÉONOR, *à Isabelle.*

Je me charge de tout, en cas que l'on vous gronde.

ACTE I, SCÈNE II.

LISETTE, *à Isabelle*.

Toujours dans une chambre à ne point voir le monde !

ISABELLE.

Il est ainsi bâti.

LÉONOR.

Je vous en plains, ma sœur.

LISETTE, *à Léonor*.

Bien vous prend que son frère ait tout une autre humeur,
Madame; et le destin vous fut bien favorable
En vous faisant tomber aux mains du raisonnable.

ISABELLE.

C'est un miracle encor qu'il ne m'ait aujourd'hui
Enfermée à la clef, ou menée avec lui.

LISETTE.

Ma foi, je l'enverrais au diable avec sa fraise,
Et...

SGANARELLE, *heurté par Lisette*.

Où donc allez-vous, qu'il ne vous en déplaise ?

LÉONOR.

Nous ne savons encore, et je pressais ma sœur
De venir du beau temps respirer la douceur :
Mais...

SGANARELLE, *à Léonor*.

Pour vous, vous pouvez aller où bon vous semble;
(*montrant Lisette.*)
Vous n'avez qu'à courir, vous voilà deux ensemble.
(*à Isabelle.*)
Mais vous, je vous défends, s'il vous plaît, de sortir.

ARISTE.
Ah! laissez-les, mon frère, aller se divertir.
SGANARELLE.
Je suis votre valet, mon frère.
ARISTE.
La jeunesse
Veut....
SGANARELLE.
La jeunesse est sotte, et par fois la vieillesse.
ARISTE.
Croyez-vous qu'elle est mal d'être avec Léonor?
SGANARELLE.
Non pas; mais avec moi je la crois mieux encor.
ARISTE.
Mais...
SGANARELLE.
Mais ses actions de moi doivent dépendre,
Et je sais l'intérêt enfin que j'y dois prendre.
ARISTE.
A celles de sa sœur ai-je un moindre intérêt?
SGANARELLE.
Mon dieu! chacun raisonne et fait comme il lui plaît.
Elles sont sans parents, et notre ami leur père
Nous commit leur conduite à son heure dernière;
Et, nous chargeant tous deux, ou de les épouser,
Ou, sur notre refus, un jour d'en disposer,
Sur elles, par contrat, nous sut dès leur enfance
Et de père et d'époux donner pleine puissance.
D'élever celle-là vous prîtes le souci,
Et moi je me chargeai du soin de celle-ci :

Selon vos volontés vous gouvernez la vôtre ;
Laissez-moi, je vous prie, à mon gré régir l'autre.
ARISTE.
Il me semble....
SGANARELLE.
Il me semble, et je le dis tout haut,
Que sur un tel sujet c'est parler comme il faut.
Vous souffrez que la vôtre aille leste et pimpante,
Je le veux bien ; qu'elle ait et laquais et suivante,
J'y consens ; qu'elle coure, aime l'oisiveté,
Et soit des damoiseaux flairée en liberté,
J'en suis fort satisfait : mais j'entends que la mienne
Vive à ma fantaisie, et non pas à la sienne ;
Que d'une serge honnête elle ait son vêtement,
Et ne porte le noir qu'aux bons jours seulement ;
Qu'enfermée au logis, en personne bien sage,
Elle s'applique toute aux choses du ménage,
A recoudre mon linge aux heures de loisir,
Ou bien à tricoter quelques bas par plaisir ;
Qu'aux discours des muguets elle ferme l'oreille,
Et ne sorte jamais sans avoir qui la veille.
Enfin la chair est faible, et j'entends tous les bruits.
Je ne veux point porter des cornes, si je puis ;
Et, comme à m'épouser sa fortune l'appelle,
Je prétends, corps pour corps, pouvoir répondre d'elle.
ISABELLE.
Vous n'avez pas sujet, que je crois...
SGANARELLE.
Taisez-vous.

Je vous apprendrai bien s'il faut sortir sans nous.
LÉONOR.
Quoi donc ! monsieur...
SGANARELLE.
Mon dieu ! madame, sans langage,
Je ne vous parle pas, car vous êtes trop sage.
LÉONOR.
Voyez-vous Isabelle avec nous à regret ?
SGANARELLE.
Oui ; vous me la gâtez, puisqu'il faut parler net.
Vos visites ici ne font que me déplaire ;
Et vous m'obligerez de ne nous en plus faire.
LÉONOR.
Voulez-vous que mon cœur vous parle net aussi ?
J'ignore de quel œil elle voit tout ceci ;
Mais je sais ce qu'en moi ferait la défiance :
Et, quoiqu'un même sang nous ait donné naissance,
Nous sommes bien peu sœurs, s'il faut que chaque jour
Vos manières d'agir lui donnent de l'amour.
LISETTE.
En effet, tous ces soins sont des choses infâmes :
Sommes-nous chez les Turcs, pour renfermer les femmes ?
Car on dit qu'on les tient esclaves en ce lieu,
Et que c'est pour cela qu'ils sont maudits de Dieu.
Notre honneur est, monsieur, bien sujet à faiblesse,
S'il faut qu'il ait besoin qu'on le garde sans cesse.
Pensez-vous, après tout, que ces précautions
Servent de quelque obstacle à nos intentions ?
Et quand nous nous mettons quelque chose à la tête,

Que l'homme le plus fin ne soit pas une bête ?
Toutes ces gardes-là sont visions de fous ;
Le plus sûr est, ma foi, de se fier en nous :
Qui nous gêne se met en un péril extrême,
Et toujours notre honneur veut se garder lui-même.
C'est nous inspirer presque un désir de pécher,
Que montrer tant de soin de nous en empêcher ;
Et, si par un mari je me voyais contrainte,
J'aurais fort grande pente à confirmer sa crainte.

SGANARELLE, *à Ariste.*

Voilà, beau précepteur, votre éducation.
Et vous souffrez cela sans nulle émotion ?

ARISTE.

Mon frère, son discours ne doit que faire rire :
Elle a quelque raison en ce qu'elle veut dire.
Leur sexe aime à jouir d'un peu de liberté ;
On le retient fort mal par tant d'austérité ;
Et les soins défiants, les verroux et les grilles,
Ne font pas la vertu des femmes ni des filles :
C'est l'honneur qui les doit tenir dans le devoir,
Non la sévérité que nous leur faisons voir.
C'est une étrange chose, à vous parler sans feinte,
Qu'une femme qui n'est sage que par contrainte.
En vain sur tous ses pas nous prétendons régner,
Je trouve que le cœur est ce qu'il faut gagner ;
Et je ne tiendrais, moi, quelque soin qu'on se
    donne,
Mon honneur guère sûr aux mains d'une personne
A qui, dans les désirs qui pourraient l'assaillir,
Il ne manquerait rien qu'un moyen de faillir.

SGANARELLE.

Chansons que tout cela.

ARISTE.

Soit ; mais je tiens sans cesse
Qu'il nous faut en riant instruire la jeunesse,
Reprendre ses défauts avec grande douceur,
Et du nom de vertu ne point lui faire peur.
Mes soins pour Léonor ont suivi ces maximes ;
Des moindres libertés je n'ai point fait des crimes ;
A ses jeunes désirs j'ai toujours consenti,
Et je ne m'en suis point, grâce au ciel, repenti.
J'ai souffert qu'elle ait vu les belles compagnies,
Les divertissements, les bals, les comédies.
Ce sont choses, pour moi, que je tiens de tout temps
Fort propres à former l'esprit des jeunes gens ;
Et l'école du monde en l'air dont il faut vivre
Instruit mieux à mon gré que ne fait aucun livre.
Elle aime à dépenser en habits, linge et nœuds :
Que voulez-vous ? je tâche à contenter ses vœux ;
Et ce sont des plaisirs qu'on peut dans nos familles,
Lorsque l'on a du bien, permettre aux jeunes filles.
Un ordre paternel l'oblige à m'épouser ;
Mais mon dessein n'est pas de la tyranniser.
Je sais bien que nos ans ne se rapportent guère,
Et je laisse à son choix liberté toute entière.
Si quatre mille écus de rente bien venants,
Une grande tendresse et des soins complaisants,
Peuvent, à son avis, pour un tel mariage,
Réparer entre nous l'inégalité d'âge,
Elle peut m'épouser ; sinon, choisir ailleurs.

Je consens que sans moi ses destins soient meilleurs ;
Et j'aime mieux la voir sous un autre hyménée,
Que si, contre son gré, sa main m'était donnée.
SGANARELLE.
Hé ! qu'il est doucereux ! c'est tout sucre et tout miel !
ARISTE.
Enfin, c'est mon humeur, et j'en rends grâce au ciel.
Je ne suivrais jamais ces maximes sévères
Qui font que les enfants comptent les jours des pères.
SGANARELLE.
Mais ce qu'en la jeunesse on prend de liberté
Ne se retranche pas avec facilité ;
Et tous ces sentiments suivront mal votre envie
Quand il faudra changer sa manière de vie.
ARISTE.
Et pourquoi la changer ?
SGANARELLE.
Pourquoi ?
ARISTE.
Oui.
SGANARELLE.
Je ne sai.
ARISTE.
Y voit-on quelque chose où l'honneur soit blessé ?
SGANARELLE.
Quoi ! si vous l'épousez, elle pourra prétendre
Les mêmes libertés que fille on lui voit prendre ?
ARISTE.
Pourquoi non ?

SGANARELLE.
Vos désirs lui seront complaisants
Jusques à lui laisser et mouches et rubans?
ARISTE.
Sans doute.
SGANARELLE.
A lui souffrir, en cervelle troublée,
De courir tous les bals et les lieux d'assemblée?
ARISTE.
Oui vraiment.
SGANARELLE.
Et chez vous iront les damoiseaux?
ARISTE.
Et quoi donc?
SGANARELLE.
Qui joueront, donneront des cadeaux?
ARISTE.
D'accord.
SGANARELLE.
Et votre femme entendra les fleurettes?
ARISTE.
Fort bien.
SGANARELLE.
Et vous verrez ces visites muguettes
D'un œil à témoigner de n'en être point soûl?
ARISTE.
Cela s'entend.
SGANARELLE.
Allez, vous êtes un vieux fou.

(*à Isabelle.*)
Rentrez pour n'ouïr point cette pratique infâme.

SCÈNE III.
ARISTE, SGANARELLE, LÉONOR, LISETTE.

ARISTE.
Je veux m'abandonner à la foi de ma femme,
Et prétends toujours vivre ainsi que j'ai vécu.
SGANARELLE.
Que j'aurai de plaisir quand il sera cocu !
ARISTE.
J'ignore pour quel sort mon astre m'a fait naître :
Mais je sais que pour vous, si vous manquez de l'être,
On ne vous en doit point imputer le défaut ;
Car vos soins pour cela font bien tout ce qu'il faut.
SGANARELLE.
Riez donc, beau rieur. Oh ! que cela doit plaire
De voir un goguenard presque sexagénaire !
LÉONOR.
Du sort dont vous parlez je le garantis, moi,
S'il faut que par l'hymen il reçoive ma foi ;
Il s'en peut assurer : mais sachez que mon ame
Ne répondrait de rien si j'étais votre femme.
LISETTE.
C'est conscience à ceux qui s'assurent en nous ;
Mais c'est pain bénit, certe, à des gens comme vous.
SGANARELLE.
Allez, langue maudite et des plus mal apprises.

ARISTE.

Vous vous êtes, mon frère, attiré ces sottises.
Adieu. Changez d'humeur, et soyez averti
Que renfermer sa femme est un mauvais parti.
Je suis votre valet.

SGANARELLE.
Je ne suis pas le vôtre.

SCÈNE IV.

SGANARELLE, *seul.*

Oh ! que les voilà bien tous formés l'un pour l'autre !
Quelle belle famille ! un vieillard insensé,
Qui fait le dameret dans un corps tout cassé !
Une fille maîtresse et coquette suprême !
Des valets impudents ! Non, la sagesse même
N'en viendrait pas à bout, perdrait sens et raison
A vouloir corriger une telle maison.
Isabelle pourrait perdre dans ces hantises
Les semences d'honneur qu'avec nous elle a prises;
Et, pour l'en empêcher, dans peu nous prétendons
Lui faire aller revoir nos choux et nos dindons.

SCÈNE V.

VALÈRE, SGANARELLE, ERGASTE.

VALÈRE, *dans le fond du théâtre.*

Ergaste, le voilà cet Argus que j'abhorre,
Le sévère tuteur de celle que j'adore.

SGANARELLE, *se croyant seul.*

N'est-ce pas quelque chose enfin de surprenant

ACTE I, SCÈNE V.

Que la corruption des mœurs de maintenant ?

VALÈRE.

Je voudrais l'accoster, s'il est en ma puissance,
Et tâcher de lier avec lui connaissance.

SGANARELLE, *se croyant seul.*

Au lieu de voir régner cette sévérité
Qui composait si bien l'ancienne honnêteté,
La jeunesse en ces lieux, libertine, absolue,
Ne prend...

(*Valère salue Sganarelle de loin.*)

VALÈRE.

Il ne voit pas que c'est lui qu'on salue.

ERGASTE.

Son mauvais œil peut-être est de ce côté-ci.
Passons du côté droit.

SGANARELLE, *se croyant seul.*

Il faut sortir d'ici.
Le séjour de la ville en moi ne peut produire
Que des...

VALÈRE, *en s'approchant peu-à-peu.*

Il faut chez lui tâcher de m'introduire.

SGANARELLE, *entendant quelque bruit.*

Hé !... j'ai cru qu'on parlait.

(*se croyant seul.*)

Aux champs, grâces aux cieux,
Les sottises du temps ne blessent point mes yeux.

ERGASTE, *à Valère.*

Abordez-le.

SGANARELLE, *entendant encore du bruit.*

Plaît-il ?

(*n'entendant plus rien.*)
Les oreilles me cornent.
(*se croyant seul.*)
Là, tous les passe-temps de nos filles se bornent...
(*Il aperçoit Valère qui le salue.*)
Est-ce à nous ?

ERGASTE, *à Valère.*

Approchez.

SGANARELLE, *sans prendre garde à Valère.*

Là, nul godelureau
(*Valère le salue encore.*)
Ne vient... Que diable...?
(*Il se retourne, et voit Ergaste qui le salue de l'autre côté.*)
Encor ! que de coups de chapeau !

VALÈRE.

Monsieur, un tel abord vous interrompt peut-être ?

SGANARELLE.

Cela se peut.

VALÈRE.

Mais quoi ! l'honneur de vous connaître
M'est un si grand bonheur, m'est un si doux plaisir,
Que de vous saluer j'avais un grand désir.

SGANARELLE.

Soit.

VALÈRE.

Et de vous venir, mais sans nul artifice,
Assurer que je suis tout à votre service.

SGANARELLE.

Je le crois.

ACTE I, SCÈNE V.

VALÈRE.

J'ai le bien d'être de vos voisins,
Et j'en dois rendre grâce à mes heureux destins.

SGANARELLE.

C'est bien fait.

VALÈRE.

Mais, monsieur, savez-vous les nouvelles
Que l'on dit à la cour, et qu'on tient pour fidèles ?

SGANARELLE.

Que m'importe ?

VALÈRE.

Il est vrai ; mais pour les nouveautés
On peut avoir par fois des curiosités.
Vous irez voir, monsieur, cette magnificence
Que de notre dauphin prépare la naissance ?

SGANARELLE.

Si je veux.

VALÈRE.

Avouons que Paris nous fait part
De cent plaisirs charmants qu'on n'a point autre part.
Les provinces, auprès, sont des lieux solitaires.
A quoi donc passez-vous le temps ?

SGANARELLE.

A mes affaires.

VALÈRE.

L'esprit veut du relâche, et succombe par fois
Par trop d'attachement aux sérieux emplois.
Que faites-vous les soirs avant qu'on se retire ?

SGANARELLE.

Ce qui me plaît.

VALÈRE.
Sans doute : on ne peut pas mieux dire;
Cette réponse est juste, et le bon sens paraît
A ne vouloir jamais faire que ce qui plaît.
Si je ne vous croyais l'ame trop occupée,
J'irais par fois chez vous passer l'après-soupée.

SGANARELLE.
Serviteur.

SCÈNE VI.
VALÈRE, ERGASTE.

VALÈRE.
Que dis-tu de ce bizarre fou?

ERGASTE.
Il a le repart brusque, et l'accueil loup-garou.

VALÈRE.
Ah! j'enrage!

ERGASTE.
Et de quoi?

VALÈRE.
De quoi? C'est que j'enrage
De voir celle que j'aime au pouvoir d'un sauvage,
D'un dragon surveillant, dont la sévérité
Ne lui laisse jouir d'aucune liberté.

ERGASTE.
C'est ce qui fait pour vous; et sur ces conséquences
Votre amour doit fonder de grandes espérances.
Apprenez, pour avoir votre esprit affermi,
Qu'une femme qu'on garde est gagnée à demi,
Et que les noirs chagrins des maris ou des pères

Ont toujours du galant avancé les affaires.
Je coquette fort peu, c'est mon moindre talent,
Et de profession je ne suis point galant :
Mais j'en ai servi vingt de ces chercheurs de proie,
Qui disaient fort souvent que leur plus grande joie
Était de rencontrer de ces maris fâcheux
Qui jamais sans gronder ne reviennent chez eux,
De ces brutaux fieffés qui, sans raison ni suite,
De leurs femmes en tout contrôlent la conduite,
Et, du nom de maris fièrement se parants,
Leur rompent en visière aux yeux des soupirants.
On en sait, disent-ils, prendre ses avantages ;
Et l'aigreur de la dame, à ces sortes d'outrages
Dont la plaint doucement le complaisant témoin,
Est un champ à pousser les choses assez loin.
En un mot, ce vous est une attente assez belle
Que la sévérité du tuteur d'Isabelle.

VALÈRE.

Mais, depuis quatre mois que je l'aime ardemment,
Je n'ai pour lui parler pu trouver un moment.

ERGASTE.

L'amour rend inventif ; mais vous ne l'êtes guère :
Et si j'avais été...

VALÈRE.

Mais qu'aurais-tu pu faire,
Puisque sans ce brutal on ne la voit jamais,
Et qu'il n'est là-dedans servantes ni valets
Dont, par l'appât flatteur de quelque récompense,
Je puisse pour mes feux ménager l'assistance ?

ERGASTE.
Elle ne sait donc pas encore que vous l'aimez?
VALÈRE.
C'est un point dont mes vœux ne sont pas informés.
Par-tout où ce farouche a conduit cette belle,
Elle m'a toujours vu comme une ombre après elle;
Et mes regards aux siens ont tâché chaque jour
De pouvoir expliquer l'excès de mon amour.
Mes yeux ont fort parlé : mais qui me peut apprendre
Si leur langage enfin a pu se faire entendre?
ERGASTE.
Ce langage, il est vrai, peut être obscur par fois,
S'il n'a pour truchement l'écriture ou la voix.
VALÈRE.
Que faire pour sortir de cette peine extrême,
Et savoir si la belle a connu que je l'aime?
Dis-m'en quelque moyen.
LÉANDRE.
C'est ce qu'il faut trouver,
Entrons un peu chez vous afin d'y mieux rêver.

FIN DU PREMIER ACTE.

ACTE SECOND.

SCÈNE I.

ISABELLE, SGANARELLE.

SGANARELLE.

Va, je sais la maison et connais la personne
Aux marques seulement que ta bouche me donne.
ISABELLE, *à part.*
O ciel, sois-moi propice, et seconde en ce jour
Le stratagême adroit d'un innocent amour !
SGANARELLE.
Dis-tu pas qu'on t'a dit qu'il s'appelle Valère ?
ISABELLE.
Oui.
SGANARELLE.
Va, sois en repos, rentre, et me laisse faire ;
Je vais parler sur l'heure à ce jeune étourdi.
ISABELLE, *en s'en allant.*
Je fais, pour une fille, un projet bien hardi :
Mais l'injuste rigueur dont envers moi l'on use
Dans tout esprit bien fait me servira d'excuse.

SCÈNE II.

SGANARELLE, *seul.*

(*Il frappe à sa porte, croyant que c'est celle de Valère.*)

Ne perdons point de temps : c'est ici. Qui va là ?
Bon ! je rêve. Holà, dis-je, holà quelqu'un, holà.
Je ne m'étonne pas, après cette lumière,
S'il y venait tantôt de si douce manière.
Mais je veux me hâter, et de son fol espoir...

SCÈNE III.

VALÈRE, SGANARELLE, ERGASTE.

SGANARELLE, *à Ergaste qui est sorti brusquement.*

Peste soit du gros bœuf, qui, pour me faire choir,
Se vient devant mes pas planter comme une perche !

VALÈRE.

Monsieur, j'ai du regret...

SGANARELLE.

Ah ! c'est vous que je cherche.

VALÈRE.

Moi, monsieur ?

SGANARELLE.

Vous. Valère est-il pas votre nom ?

VALÈRE.

Oui.

SGANARELLE.

Je viens vous parler, si vous le trouvez bon.

ACTE II, SCÈNE III.

VALÈRE.

Puis-je être assez heureux pour vous rendre service ?

SGANARELLE.

Non. Mais je prétends, moi, vous rendre un bon office ;
Et c'est ce qui chez vous prend droit de m'amener.

VALÈRE.

Chez moi, monsieur ?

SGANARELLE.

Chez vous. Faut-il tant s'étonner ?

VALÈRE.

J'en ai bien du sujet : et mon ame ravie
De l'honneur...

SGANARELLE.

Laissons-là cet honneur, je vous prie.

VALÈRE.

Voulez-vous pas entrer ?

SGANARELLE.

Il n'en est pas besoin.

VALÈRE.

Monsieur, de grâce.

SGANARELLE.

Non, je n'irai pas plus loin.

VALÈRE.

Tant que vous serez-là, je ne puis vous entendre.

SGANARELLE.

Moi, je n'en veux bouger.

VALÈRE.

Hé bien ! il faut se rendre.
Vîte, puisque monsieur à cela se résout,

Donnez un siége ici.
SGANARELLE.
Je veux parler debout.
VALÈRE.
Vous souffrir de la sorte ?
SGANARELLE.
Ah ! contrainte effroyable !
VALÈRE.
Cette incivilité serait trop condamnable.
SGANARELLE.
C'en est une que rien ne saurait égaler,
De n'ouïr pas les gens qui veulent nous parler.
VALÈRE.
Je vous obéis donc.
SGANARELLE.
Vous ne sauriez mieux faire.
(*Ils font de grandes cérémonies pour se couvrir.*)
Tant de cérémonie est fort peu nécessaire.
Voulez-vous m'écouter ?
VALÈRE.
Sans doute, et de grand cœur.
SGANARELLE.
Savez-vous, dites-moi, que je suis le tuteur
D'une fille assez jeune et passablement belle
Qui loge en ce quartier, et qu'on nomme Isabelle ?
VALÈRE.
Oui
SGANARELLE.
Si vous le savez, je ne vous l'apprends pas.
Mais savez-vous aussi, lui trouvant des appas,

ACTE II, SCÈNE III.

Qu'autrement qu'en tuteur sa personne me touche,
Et qu'elle est destinée à l'honneur de ma couche?

VALÈRE.

Non.

SGANARELLE.

Je vous l'apprends donc, et qu'il est à propos
Que vos feux, s'il vous plaît, la laissent en repos.

VALÈRE.

Qui? moi, monsieur?

SGANARELLE.

Oui, vous. Mettons bas toute feinte.

VALÈRE.

Qui vous a dit que j'ai pour elle l'ame atteinte?

SGANARELLE.

Des gens à qui l'on peut donner quelque crédit.

VALÈRE.

Mais encore?

SGANARELLE.

Elle-même.

VALÈRE.

Elle?

SGANARELLE.

Elle. Est-ce assez dit?
Comme une fille honnête, et qui m'aime d'enfance,
Elle vient de m'en faire entière confidence,
Et, de plus, m'a chargé de vous donner avis
Que, depuis que par vous tous ses pas sont suivis,
Son cœur, qu'avec excès votre poursuite outrage,
N'a que trop de vos yeux entendu le langage;
Que vos secrets désirs lui sont assez connus,

Et que c'est vous donner des soucis superflus
De vouloir davantage expliquer une flamme
Qui choque l'amitié que me garde son ame.
VALÈRE.
C'est elle, dites-vous, qui de sa part vous fait...
SGANARELLE.
Oui, vous venir donner cet avis franc et net;
Et qu'ayant vu l'ardeur dont votre ame est blessée,
Elle vous eût plutôt fait savoir sa pensée,
Si son cœur avait eu, dans son émotion,
A qui pouvoir donner cette commission;
Mais qu'enfin la douleur d'une contrainte extrême
L'a réduite à vouloir se servir de moi-même,
Pour vous rendre averti, comme je vous ai dit,
Qu'à tout autre que moi son cœur est interdit;
Que vous avez assez joué de la prunelle,
Et que, si vous avez tant soit peu de cervelle,
Vous prendrez d'autres soins. Adieu, jusqu'au revoir.
Voilà ce que j'avais à vous faire savoir.
VALÈRE, *bas.*
Ergaste, que dis-tu d'une telle aventure?
SGANARELLE, *bas, à part.*
Le voilà bien surpris!
ERGASTE, *bas, à Valère.*
Selon ma conjecture,
Je tiens qu'elle n'a rien de déplaisant pour vous,
Qu'un mystère assez fin est caché là-dessous,
Et qu'enfin cet avis n'est pas d'une personne
Qui veuille voir cesser l'amour qu'elle vous donne.

ACTE II, SCÈNE V.

SGANARELLE, *à part.*

Il en tient comme il faut.

VALÈRE, *bas à Ergaste.*

Tu crois mystérieux...

ERGASTE, *bas.*

Oui... Mais il nous observe, ôtons-nous de ses yeux.

SCÈNE IV.

SGANARELLE, *seul.*

Que sa confusion paraît sur son visage!
Il ne s'attendait pas, sans doute, à ce message.
Appelons Isabelle : elle montre le fruit
Que l'éducation dans une ame produit ;
La vertu fait ses soins, et son cœur s'y consomme
Jusques à s'offenser des seuls regards d'un homme.

SCÈNE V.

ISABELLE, SGANARELLE.

ISABELLE, *bas, en entrant.*

J'ai peur que mon amant, plein de sa passion,
N'ait pas de mon avis compris l'intention ;
Et j'en veux, dans les fers où je suis prisonniere,
Hasarder un qui parle avec plus de lumière.

SGANARELLE.

Me voilà de retour.

ISABELLE.

Hé bien?

SGANARELLE.

Un plein effet

A suivi tes discours, et ton homme a son fait.
Il me voulait nier que son cœur fût malade :
Mais lorsque de ta part j'ai marqué l'ambassade
Il est resté d'abord et muet et confus ;
Et je ne pense pas qu'il y revienne plus.

ISABELLE.

Ah ! que me dites-vous ? J'ai bien peur du contrai
Et qu'il ne nous prépare encor plus d'une affaire

SGANARELLE.

Et sur quoi fondes-tu cette peur que tu dis ?

ISABELLE.

Vous n'avez pas été plutôt hors du logis,
Qu'ayant, pour prendre l'air, la tête à ma fenêt
J'ai vu dans ce détour un jeune homme paraître
Qui d'abord, de la part de cet impertinent,
Est venu me donner un bonjour surprenant,
Et m'a, droit dans ma chambre, une boîte jeté
Qui renferme une lettre en poulet cachetée.
J'ai voulu sans tarder lui rejeter le tout ;
Mais ses pas de la rue avaient gagné le bout,
Et je m'en sens le cœur tout gros de fâcherie.

SGANARELLE.

Voyez un peu la ruse et la fripponerie !

ISABELLE.

Il est de mon devoir de faire promptement
Reporter boîte et lettre à ce maudit amant ;
Et j'aurais pour cela besoin d'une personne...
Car d'oser à vous-même...

SGANARELLE.

Au contraire, mignonn

ACTE II, SCÈNE V.

C'est me faire mieux voir ton amour et ta foi ;
Et mon cœur avec joie accepte cet emploi :
Tu m'obliges par-là plus que je ne puis dire.

ISABELLE.

Tenez donc.

SGANARELLE.

Bon. Voyons ce qu'il a pu t'écrire.

ISABELLE.

Ah ciel ! gardez-vous bien de l'ouvrir.

SGANARELLE.

Et pourquoi ?

ISABELLE.

Lui voulez-vous donner à croire que c'est moi ?
Une fille d'honneur doit toujours se défendre
De lire les billets qu'un homme lui fait rendre.
La curiosité qu'on fait lors éclater
Marque un secret plaisir de s'en ouïr conter ;
Et je trouve à propos que, toute cachetée,
Cette lettre lui soit promptement reportée,
Afin que d'autant mieux il connaisse aujourd'hui
Le mépris éclatant que mon cœur fait de lui,
Que ses feux désormais perdent toute espérance,
Et n'entreprennent plus pareille extravagance.

SGANARELLE.

Certes, elle a raison lorsqu'elle parle ainsi.
Va, ta vertu me charme, et ta prudence aussi ;
Je vois que mes leçons ont germé dans ton ame ;
Et tu te montres digne enfin d'être ma femme.

ISABELLE.

Je ne veux pas pourtant gêner votre désir.

La lettre est dans vos mains et vous pouvez l'ouvrir.
SGANARELLE.
Non, je n'ai garde; hélas! tes raisons sont trop
  bonnes;
Et je vais m'acquitter du soin que tu me donnes,
A quatre pas de là dire ensuite deux mots,
Et revenir ici te remettre en repos.

SCÈNE VI.

SGANARELLE, seul.

Dans quel ravissement est-ce que mon cœur nage,
Lorsque je vois en elle une fille si sage!
C'est un trésor d'honneur que j'ai dans ma maison.
Prendre un regard d'amour pour une trahison!
Recevoir un poulet comme une injure extrême,
Et le faire au galant reporter par moi-même!
Je voudrais bien savoir, en voyant tout ceci,
Si celle de mon frère en userait ainsi.
Ma foi, les filles sont ce que l'on les fait être.
Holà.

(*Il frappe à la porte de Valère.*)

SCÈNE VII.

SGANARELLE, ERGASTE.

ERGASTE.
Qu'est-ce?
SGANARELLE.
Tenez, dites à votre maître

Qu'il ne s'ingère pas d'oser écrire encor
Des lettres qu'il envoie avec des boîtes d'or,
Et qu'Isabelle en est puissamment irritée.
Voyez, on ne l'a pas au moins décachetée;
Il connaîtra l'état que l'on fait de ses feux,
Et quel heureux succès il doit espérer d'eux.

SCÈNE VIII.
VALÈRE, ERGASTE.
VALÈRE.
Que vient de te donner cette farouche bête?
ERGASTE.
Cette lettre, monsieur, qu'avecque cette boîte
On prétend qu'ait reçue Isabelle de vous,
Et dont elle est, dit-il, en un fort grand courroux.
C'est sans vouloir l'ouvrir qu'elle vous la fait rendre.
Lisez vîte, et voyons si je me puis méprendre.
VALÈRE *lit*.

« Cette lettre vous surprendra sans doute; et
« l'on peut trouver bien hardi pour moi, et le des-
« sein de vous l'écrire, et la manière de vous la
« faire tenir : mais je me vois dans un état à ne
« plus garder de mesure. La juste horreur d'un
« mariage dont je suis menacée dans six jours me
« fait hasarder toutes choses; et, dans la résolu-
« tion de m'en affranchir par quelque voie que ce
« soit, j'ai cru que je devais plutôt vous choisir
« que le désespoir. Ne croyez pas pourtant que
« vous soyez redevable de tout à ma mauvaise des-

« tinée : ce n'est pas la contrainte où je me trouve
« qui a fait naître les sentiments que j'ai pour
« vous; mais c'est elle qui en précipite le témoi-
« gnage, et qui me fait passer sur des formalités
« où la bienséance du sexe oblige. Il ne tiendra
« qu'à vous que je sois à vous bientôt; et j'attends
« seulement que vous m'ayez marqué les intentions
« de votre amour pour vous faire savoir la résolu-
« tion que j'ai prise : mais sur-tout songez que le
« temps presse, et que deux cœurs qui s'aiment
« doivent s'entendre à demi-mot. »

ERGASTE.
Hé bien ! monsieur, le tour est-il d'original ?
Pour une jeune fille elle n'en sait pas mal.
De ces ruses d'amour la croirait-on capable ?

VALÈRE.
Ah ! je la trouve là tout à fait adorable.
Ce trait de son esprit et de son amitié
Accroît pour elle encor mon amour de moitié,
Et joint aux sentiments que sa beauté m'inspire..

ERGASTE.
La dupe vient : songez à ce qu'il vous faut dire.

SCÈNE IX.

SGANARELLE, VALÈRE, ERGASTE.

SGANARELLE, *se croyant seul.*
O trois et quatre fois béni soit cet édit
Par qui des vêtements le luxe est interdit !
Les peines des maris ne seront plus si grandes,

Et les femmes auront un frein à leurs demandes.
Oh! que je sais au roi bon gré de ces décris!
Et que, pour le repos de ces mêmes maris,
Je voudrais bien qu'on fît de la coquetterie
Comme de la guipure et de la broderie!
J'ai voulu l'acheter l'édit expressément
Afin que d'Isabelle il soit lu hautement;
Et ce sera tantôt, n'étant plus occupée,
Le divertissement de notre après-soupée.
(apercevant Valère.)
Envoierez-vous encor, monsieur aux blonds cheveux,
Avec des boîtes d'or des billets amoureux?
Vous pensiez bien trouver quelque jeune coquette,
Friande de l'intrigue, et tendre à la fleurette :
Vous voyez de quel air on reçoit vos joyaux.
Croyez-moi, c'est tirer votre poudre aux moineaux
Elle est sage, elle m'aime, et votre amour l'outrage
Prenez visée ailleurs, et troussez-moi bagage.

VALÈRE.

Oui, oui, votre mérite, à qui chacun se rend,
Est à mes vœux, monsieur, un obstacle trop grand
Et c'est folie à moi, dans mon ardeur fidèle,
De prétendre avec vous à l'amour d'Isabelle.

SGANARELLE.

Il est vrai, c'est folie.

VALÈRE.

Aussi n'aurais-je pas
Abandonné mon cœur à suivre ses appas,
Si j'avais pu prévoir que ce cœur misérable

Dût trouver un rival comme vous redoutable.
SGANARELLE.

Je le crois.
VALÈRE.

Je n'ai garde à présent d'espérer :
Je vous cède, monsieur; et c'est sans murmurer.
SGANARELLE.

Vous faites bien.
VALÈRE.

Le droit de la sorte l'ordonne;
Et de tant de vertus brille votre personne,
Que j'aurais tort de voir d'un regard de courroux
Les tendres sentiments qu'Isabelle a pour vous.
SGANARELLE.

Cela s'entend.
VALÈRE.

Oui, oui, je vous quitte la place :
Mais je vous prie au moins, et c'est la seule grâce,
Monsieur, que vous demande un misérable amant
Dont vous seul aujourd'hui causez tout le tourment
Je vous conjure donc d'assurer Isabelle
Que, si depuis trois mois mon cœur brûle pour elle
Cet amour est sans tache, et n'a jamais pensé
A rien dont son honneur ait lieu d'être offensé.
SGANARELLE.

Oui.
VALÈRE.

Que, ne dépendant que du choix de mon ame,
Tous mes desseins étaient de l'obtenir pour femme
Si les destins, en vous qui captivez son cœur,

ACTE II, SCÈNE X.

N'opposaient un obstacle à cette juste ardeur.
SGANARELLE.
Fort bien.
VALÈRE.
Que, quoi qu'on fasse, il ne lui faut pas croire
Que jamais ses appas sortent de ma mémoire;
Que, quelque arrêt des cieux qu'il me faille subir,
Mon sort est de l'aimer jusqu'au dernier soupir;
Et que, si quelque chose étouffe mes poursuites,
C'est le juste respect que j'ai pour vos mérites.
SGANARELLE.
C'est parler sagement : et je vais de ce pas
Lui faire ce discours qui ne la choque pas :
Mais, si vous me croyez, tâchez de faire en sorte
Que de votre cerveau cette passion sorte.
Adieu.
ERGASTE, *à Valère.*
La dupe est bonne.

SCÈNE X.

SGANARELLE, *seul.*

Il me fait grand'pitié,
Ce pauvre malheureux tout rempli d'amitié;
Mais c'est un mal pour lui de s'être mis en tête
De vouloir prendre un fort qui se voit ma conquête.
(*Sganarelle heurte à sa porte.*)

SCÈNE XI.

SGANARELLE, ISABELLE.

SGANARELLE.

Jamais amant n'a fait tant de trouble éclater,
Au poulet renvoyé sans le décacheter :
Il perd toute espérance enfin, et se retire.
Mais il m'a tendrement conjuré de te dire
« Que du moins en t'aimant il n'a jamais pensé
« À rien dont ton honneur ait lieu d'être offensé;
« Et que, ne dépendant que du choix de son ame
« Tous ses désirs étaient de t'obtenir pour femme
« Si les destins, en moi qui captive ton cœur,
« N'opposaient un obstacle à cette juste ardeur :
« Que, quoi qu'on puisse faire, il ne te faut pas croir
« Que jamais tes appas sortent de sa mémoire :
« Que, quelque arrêt des cieux qu'il lui faille subir
« Son sort est de t'aimer jusqu'au dernier soupir;
« Et que, si quelque chose étouffe sa poursuite,
« C'est le juste respect qu'il a pour mon mérite.
Ce sont ses propres mots ; et loin de le blâmer,
Je le trouve honnête homme, et le plains de t'aime

ISABELLE, *bas*.

Ses feux ne trompent point ma secrète croyance,
Et toujours ses regards m'en ont dit l'innocence.

SGANARELLE.

Que dis-tu ?

ISABELLE.

Qu'il m'est dur que vous plaigniez si fo

Un homme que je hais à l'égal de la mort ;
Et que, si vous m'aimiez autant que vous le dites,
Vous sentiriez l'affront que me font ses poursuites.

SGANARELLE.

Mais il ne savait pas tes inclinations ;
Et, par l'honnêteté de ses intentions,
Son amour ne mérite...

ISABELLE.

Est-ce les avoir bonnes,
Dites-moi, de vouloir enlever les personnes ?
Est-ce être homme d'honneur de former des desseins
Pour m'épouser de force en m'ôtant de vos mains ?
Comme si j'étais fille à supporter la vie
Après qu'on m'aurait fait une telle infamie.

SGANARELLE.

Comment ?

ISABELLE.

Oui, oui ; j'ai su que ce traître d'amant
Parle de m'obtenir par un enlèvement ;
Et j'ignore, pour moi, les pratiques secrètes
Qui l'ont instruit sitôt du dessein que vous faites
De me donner la main dans huit jours au plus tard,
Puisque ce n'est que d'hier que vous m'en fîtes part :
Mais il veut prévenir, dit-on, cette journée
Qui doit à votre sort unir ma destinée.

SGANARELLE.

Voilà qui ne vaut rien.

ISABELLE.

Oh que pardonnez-moi !

C'est un fort honnête homme, et qui ne sent p(as?)
. moi.....

SGANARELLE.

Il a tort; et ceci passe la raillerie.

ISABELLE.

Allez, votre douceur entretient sa folie;
S'il vous eût vu tantôt lui parler vertement,
Il craindrait vos transports et mon ressentiment
Car c'est encor depuis sa lettre méprisée
Qu'il a dit ce dessein qui m'a scandalisée;
Et son amour conserve, ainsi que je l'ai sú,
La croyance qu'il est dans mon cœur bien reçu
Que je fuis votre hymen, quoique le monde en cr(oie?)
Et me verrais tirer de vos mains avec joie.

SGANARELLE.

Il est fou.

ISABELLE.

Devant vous il sait se déguiser;
Et son intention est de vous amuser.
Croyez, par ces beaux mots, que le traître vous j(oue?)
Je suis bien malheureuse, il faut que je l'avoue
Qu'avecque tous mes soins pour vivre dans l'hon(neur?)
Et rebuter les vœux d'un lâche suborneur,
Il faille être exposée aux fâcheuses surprises
De voir faire sur moi d'infâmes entreprises!

SGANARELLE.

Va, ne redoute rien.

ISABELLE.

Pour moi, je vous le di(s)
Si vous n'éclatez fort contre un trait si hardi,

Et ne trouvez bientôt moyen de me défaire
Des persécutions d'un pareil téméraire,
J'abandonnerai tout, et renonce à l'ennui
De souffrir les affronts que je reçois de lui.

SGANARELLE.

Ne t'afflige point tant; va, ma petite femme,
Je m'en vais le trouver, et lui chanter sa gamme.

ISABELLE.

Dites-lui bien au moins qu'il le nierait en vain,
Que c'est de bonne part qu'on m'a dit son dessein;
Et qu'après cet avis, quoi qu'il puisse entreprendre,
J'ose le défier de me pouvoir surprendre;
Enfin que, sans plus perdre et soupirs et moments,
Il doit savoir pour vous quels sont mes sentiments,
Et que, si d'un malheur il ne veut être cause,
Il ne se fasse pas deux fois dire une chose.

SGANARELLE.

Je dirai ce qu'il faut.

ISABELLE.

Mais tout cela d'un ton
Qui marque que mon cœur lui parle tout de bon.

SGANARELLE.

Va, je n'oublirai rien, je t'en donne assurance.

ISABELLE.

J'attends votre retour avec impatience;
Hâtez-le, s'il vous plaît, de tout votre pouvoir :
Je languis quand je suis un moment sans vous voir.

SGANARELLE.

Va, pouponne, mon cœur, je reviens tout-à-l'heure.

SCÈNE XII.

SGANARELLE, seul.

Est-il une personne et plus sage et meilleure?
Ah! que je suis heureux! et que j'ai de plaisir
De trouver une femme au gré de mon désir!
Oui, voilà comme il faut que les femmes soient faite
Et non, comme j'en sais, de ces franches coquett
Qui s'en laissent conter, et font dans tout Paris
Montrer au bout du doigt leurs honnêtes maris.
(Il frappe à la porte de Valère.)
Holà, notre galant aux belles entreprises.

SCÈNE XIII

VALÈRE, SGANARELLE, ERGASTE.

VALÈRE.
Monsieur, qui vous ramène en ce lieu?
SGANARELLE.
Vos sottis
VALÈRE.
Comment?
SGANARELLE.
Vous savez bien de quoi je veux parl
Je vous croyais plus sage, à ne vous rien céler.
Vous venez m'amuser de vos belles paroles,
Et conservez sous main des espérances folles.
Voyez-vous, j'ai voulu doucement vous traiter;
Mais vous m'obligerez à la fin d'éclater.

N'avez-vous pas de honte, étant ce que vous êtes,
De faire en votre esprit les projets que vous faites,
De prétendre enlever une fille d'honneur,
Et troubler un hymen qui fait tout son bonheur?
VALÈRE.
Qui vous a dit, monsieur, cette étrange nouvelle?
SGANARELLE.
Ne dissimulons point, je la tiens d'Isabelle,
Qui vous mande par moi, pour la dernière fois,
Qu'elle vous a fait voir assez quel est son choix;
Que son cœur, tout à moi, d'un tel projet s'offense;
Qu'elle mourrait plutôt qu'en souffrir l'insolence;
Et que vous causerez de terribles éclats,
Si vous ne mettez fin à tout cet embarras.
VALÈRE.
S'il est vrai qu'elle ait dit ce que je viens d'entendre,
J'avouerai que mes feux n'ont plus rien à prétendre;
Par ces mots assez clairs je vois tout terminé;
Et je dois révérer l'arrêt qu'elle a donné.
SGANARELLE.
Si... Vous en doutez donc, et prenez pour des feintes
Tout ce que de sa part je vous ai fait de plaintes?
Voulez-vous qu'elle-même elle explique son cœur?
J'y consens volontiers, pour vous tirer d'erreur.
Suivez-moi, vous verrez s'il est rien que j'avance,
Et si son jeune cœur entre nous deux balance.

(Il va frapper à sa porte.)

SCÈNE XIV.

ISABELLE, SGANARELLE, VALÈRE, ERGASTE.

ISABELLE.

Quoi! vous me l'amenez! quel est votre dessein?
Prenez-vous contre moi ses intérêts en main?
Et voulez-vous, charmé de ses rares mérites,
M'obliger à l'aimer, et souffrir ses visites?

SGANARELLE.

Non, ma mie, et ton cœur pour cela m'est trop cher:
Mais il prend mes avis pour des contes en l'air,
Croit que c'est moi qui parle et te fais, par adresse,
Pleine pour lui de haine, et pour moi de tendresse;
Et par toi-même enfin j'ai voulu sans retour
Le tirer de l'erreur qui nourrit son amour.

ISABELLE, *à Valère.*

Quoi! mon ame à vos yeux ne se montre pas toute,
Et de mes vœux encor vous pouvez être en doute?

VALÈRE.

Oui, tout ce que monsieur de votre part m'a dit,
Madame, a bien pouvoir de surprendre un esprit:
J'ai douté, je l'avoue; et cet arrêt suprême
Qui décide du sort de mon amour extrême
Doit m'être assez touchant pour ne pas s'offenser
Que mon cœur par deux fois le fasse prononcer.

ISABELLE.

Non, non, un tel arrêt ne doit pas vous surprendre:
Ce sont mes sentiments qu'il vous a fait entendre;

ACTE II, SCÈNE XIV.

Et je les tiens fondés sur assez d'équité
Pour en faire éclater toute la vérité.
Oui, je veux bien qu'on sache, et j'en dois être crue,
Que le sort offre ici deux objets à ma vue,
Qui, m'inspirant pour eux différents sentiments,
De mon cœur agité font tous les mouvements.
L'un, par un juste choix où l'honneur m'intéresse,
A toute mon estime et toute ma tendresse;
Et l'autre, pour le prix de son affection,
A toute ma colère et mon aversion.
La présence de l'un m'est agréable et chère,
J'en reçois dans mon ame une alégresse entière;
Et l'autre, par sa vue, inspire dans mon cœur
De secrets mouvements et de haine et d'horreur.
Me voir femme de l'un est toute mon envie,
Et, plutôt qu'être à l'autre, on m'ôterait la vie.
Mais c'est assez montrer mes justes sentiments,
Et trop longtemps languir dans ces rudes tourments;
Il faut que ce que j'aime, usant de diligence,
Fasse à ce que je hais perdre toute espérance,
Et qu'un heureux hymen affranchisse mon sort
D'un supplice pour moi plus affreux que la mort.

SGANARELLE.

Oui, mignonne; je songe à remplir ton attente.

ISABELLE.

C'est l'unique moyen de me rendre contente.

SGANARELLE.

Tu le seras dans peu.

ISABELLE.

Je sais qu'il est honteux

Aux filles d'expliquer si librement leurs vœux.

SGANARELLE.

Point, point.

ISABELLE.

Mais, en l'état où sont mes destinées,
De telles libertés doivent m'être données ;
Et je puis, sans rougir, faire un aveu si doux
A celui que déjà je regarde en époux.

SGANARELLE.

Oui, ma pauvre fanfan, pouponne de mon ame.

ISABELLE.

Qu'il songe donc, de grâce, à me prouver sa flamme.

SGANARELLE.

Oui : tiens, baise ma main.

ISABELLE.

Que sans plus de soupirs
Il conclue un hymen qui fait tous mes désirs,
Et reçoive en ce lieu la foi que je lui donne
De n'écouter jamais les vœux d'autre personne.

(*Elle fait semblant d'embrasser Sganarelle,
et donne sa main à baiser à Valère.*)

SGANARELLE.

Hai, hai, mon petit nez, pauvre petit bouchon,
Tu ne languiras pas long-temps, je t'en répond.
Va, chut.

(*à Valère.*)

Vous le voyez, je ne lui fais pas dire,
Ce n'est qu'après moi seul que son ame respire.

ACTE II, SCÈNE XIV.

VALÈRE.

Hé bien! madame, hé bien! c'est s'expliquer assez:
Je vois par ce discours de quoi vous me pressez;
Et je saurai dans peu vous ôter la présence
De celui qui vous fait si grande violence.

ISABELLE.

Vous ne me sauriez faire un plus charmant plaisir;
Car enfin cette vue est fâcheuse à souffrir,
Elle m'est odieuse; et l'horreur est si forte...

SGANARELLE.

Hé! hé!

ISABELLE.

Vous offensé-je en parlant de la sorte?
Fais-je...

SGANARELLE.

Mon dieu! nenni, je ne dis pas cela:
Mais je plains, sans mentir, l'état où le voilà;
Et c'est trop hautement que ta haine se montre.

ISABELLE.

Je n'en puis trop montrer en pareille rencontre.

VALÈRE.

Oui, vous serez contente; et dans trois jours vos yeux
Ne verront plus l'objet qui vous est odieux.

ISABELLE.

A la bonne heure. Adieu.

SGANARELLE, *à Valère.*

Je plains votre infortune:
Mais...

VALÈRE.

Non, vous n'entendrez de mon cœur plainte aucune :
Madame assurément rend justice à tous deux,
Et je vais travailler à contenter ses vœux.
Adieu.

SGANARELLE.

Pauvre garçon ! sa douleur est extrême.
Venez, embrassez-moi, c'est un autre elle-même.
(*Il embrasse Valère.*)

SCÈNE XV.

ISABELLE, SGANARELLE.

SGANARELLE.
Je le tiens fort à plaindre.

ISABELLE.
Allez, il ne l'est point.

SGANARELLE.
Au reste, ton amour me touche au dernier point,
Mignonnette, et je veux qu'il ait sa récompense :
C'est trop que de huit jours pour ton impatience ;
Dès demain je t'épouse, et n'y veux appeler...

ISABELLE.
Dès demain ?

SGANARELLE.
Par pudeur tu feins d'y reculer :
Mais je sais bien la joie où ce discours te jette,
Et tu voudrais déjà que la chose fût faite.

ACTE II, SCÈNE XV.
ISABELLE.
Mais...

SGANARELLE.
Pour ce mariage allons tout préparer.
ISABELLE, *à part*.
O ciel, inspirez-moi ce qui peut le parer!

FIN DU SECOND ACTE.

ACTE TROISIÈME.

SCÈNE I.

ISABELLE, *seule*.

Oui, le trépas cent fois me semble moins à craindre
Que cet hymen fatal où l'on veut me contraindre;
Et tout ce que je fais pour en fuir les rigueurs
Doit trouver quelque grâce auprès de mes censeurs.
Le temps presse, il fait nuit; allons, sans crainte aucune,
A la foi d'un amant commettre ma fortune.

SCÈNE II.

SGANARELLE, ISABELLE.

SGANARELLE, *parlant à ceux qui sont dans sa maison.*
Je reviens, et l'on va pour demain de ma part...
ISABELLE.
O ciel!
SGANARELLE.
C'est toi, mignonne! Où vas-tu donc si tard?
Tu disais qu'en ta chambre, étant un peu lassée,
Tu t'allais renfermer, lorsque je t'ai laissée;
Et tu m'avais prié même que mon retour
T'y souffrît en repos jusques à demain jour.

ACTE III, SCÈNE II.

ISABELLE.

Il est vrai; mais...

SGANARELLE.

Hé quoi?

ISABELLE.

Vous me voyez confuse,
Et je ne sais comment vous en dire l'excuse.

SGANARELLE.

Quoi donc? que pourrait-ce être?

ISABELLE.

Un secret surprenant;
C'est ma sœur qui m'oblige à sortir maintenant,
Et qui, pour un dessein dont je l'ai fort blâmée,
M'a demandé ma chambre, où je l'ai renfermée.

SGANARELLE.

Comment?

ISABELLE.

L'eût-on pu croire? Elle aime cet amant
Que nous avons banni.

SGANARELLE.

Valère?

ISABELLE.

Eperdument.
C'est un transport si grand, qu'il n'en est point de même;
Et vous pouvez juger de sa puissance extrême,
Puisque seule, à cette heure, elle est venue ici
Me découvrir à moi son amoureux souci,
Me dire absolument qu'elle perdra la vie
Si son ame n'obtient l'effet de son envie;

Que depuis plus d'un an d'assez vives ardeurs
Dans un secret commerce entretenaient leurs cœ[urs]
Et que même ils s'étaient, leur flamme étant [nou-]
  velle,
Donné de s'épouser une foi mutuelle....

SGANARELLE.

La vilaine !

ISABELLE.

Qu'ayant appris le désespoir
Où j'ai précipité celui qu'elle aime à voir,
Elle vient me prier de souffrir que sa flamme
Puisse rompre un départ qui lui percerait l'âm[e,]
Entretenir ce soir cet amant sous mon nom
Par la petite rue où ma chambre répond ;
Lui peindre, d'une voix qui contrefait la mien[ne,]
Quelques doux sentiments dont l'appât le retie[nne,]
Et ménager enfin pour elle adroitement
Ce que pour moi l'on sait qu'il a d'attachemen[t.]

SGANARELLE.

Et tu trouves cela...

ISABELLE.

Moi ? j'en suis courroucée.
Quoi ! ma sœur, ai-je dit, êtes-vous insensée ?
Ne rougissez-vous point d'avoir pris tant d'am[our]
Pour ces sortes de gens qui changent chaque jo[ur,]
D'oublier votre sexe, et tromper l'espérance
D'un homme dont le ciel vous donnait l'alliance ?

SGANARELLE.

Il le mérite bien ; et j'en suis fort ravi.

ISABELLE.

Enfin de cent raisons mon dépit s'est servi
Pour lui bien reprocher des bassesses si grandes,
Et pouvoir cette nuit rejeter ses demandes:
Mais elle m'a fait voir de si pressants désirs,
A tant versé de pleurs, tant poussé de soupirs,
Tant dit qu'au désespoir je porterais son ame
Si je lui refusais ce qu'exige sa flamme,
Qu'à céder malgré moi mon cœur s'est vu réduit;
Et, pour justifier cette intrigue de nuit,
Où me faisait du sang relâcher la tendresse,
J'allais faire avec moi venir coucher Lucrèce,
Dont vous me vantez tant les vertus chaque jour:
Mais vous m'avez surprise avec ce prompt retour.

SGANARELLE.

Non, non, je ne veux point chez moi tout ce mystère.
J'y pourrais consentir à l'égard de mon frère:
Mais on peut être vu de quelqu'un du dehors;
Et celle que je dois honorer de mon corps
Non seulement doit être et pudique et bien née,
Il ne faut pas que même elle soit soupçonnée.
Allons chasser l'infâme; et de sa passion...

ISABELLE.

Ah! vous lui donneriez trop de confusion:
Et c'est avec raison qu'elle pourrait se plaindre
Du peu de retenue où j'ai su me contraindre:
Puisque de son dessein je dois me départir,
Attendez que du moins je la fasse sortir.

SCANARELLE.

Hé bien! fais.

ISABELLE.

Mais sur-tout cachez-vous, je vous prie,
Et, sans lui dire rien, daignez voir sa sortie.

SGANARELLE.

Oui, pour l'amour de toi je retiens mes transports :
Mais, dès le même instant qu'elle sera dehors,
Je veux, sans différer, aller trouver mon frère :
J'aurai joie à courir lui dire cette affaire.

ISABELLE.

Je vous conjure donc de ne me point nommer.
Bon soir; car tout d'un temps je vais me renfermer.

SGANARELLE. (*seul.*)

Jusqu'à demain, ma mie... En quelle impatience
Suis-je de voir mon frère, et lui conter sa chance!
Il en tient, le bon homme, avec tout son phébus,
Et je n'en voudrais pas tenir cent bons écus.

ISABELLE, *dans la maison.*

Oui, de vos déplaisirs l'atteinte m'est sensible :
Mais ce que vous voulez, ma sœur, m'est impossible;
Mon honneur, qui m'est cher, y court trop de hasard.
Adieu. Retirez-vous avant qu'il soit plus tard.

SGANARELLE.

La voilà, qui, je crois, peste de belle sorte :
De peur qu'elle revînt, fermons à clef la porte.

ISABELLE, *en sortant.*

O ciel, dans mes desseins ne m'abandonnez pas!

SGANARELLE, *à part.*
Où pourra-t-elle aller ? Suivons un peu ses pas ?
ISABELLE, *à part.*
Dans mon trouble du moins la nuit me favorise.
SGANARELLE, *à part.*
Au logis du galant ! Quelle est son entreprise ?

SCÈNE III.

VALÈRE, ISABELLE, SGANARELLE.

VALÈRE, *sortant brusquement.*
Oui, oui, je veux tenter quelque effort cette nuit
Pour parler... Qui va là ?
ISABELLE, *à Valère.*
Ne faites point de bruit,
Valère; on vous prévient, et je suis Isabelle.
SGANARELLE.
Vous en avez menti, chienne; ce n'est pas elle.
De l'honneur que tu fuis elle suit trop les lois ;
Et tu prends faussement et son nom et sa voix.
ISABELLE, *à Valère.*
Mais à moins de vous voir par un saint hyménée....
VALÈRE.
Oui, c'est l'unique but où tend ma destinée;
Et je vous donne ici ma foi que dès demain
Je vais où vous voudrez recevoir votre main.
SGANARELLE, *à part.*
Pauvre sot qui s'abuse !
VALÈRE.
Entrez en assurance :

De votre Argus dupé je brave la puissance ;
Et, devant qu'il vous pût ôter à mon ardeur,
Mon bras de mille coups lui percerait le cœur.

SCÈNE IV.

SGANARELLE, seul.

Ah ! je te promets bien que je n'ai pas envie
De te l'ôter, l'infâme à tes feux asservie,
Que du don de ta foi je ne suis point jaloux,
Et que, si j'en suis cru, tu seras son époux.
Oui, faisons-le surprendre avec cette effrontée :
La mémoire du père à bon droit respectée,
Jointe au grand intérêt que je prends à la sœur,
Veut que du moins l'on tâche à lui rendre l'honneur.
Holà.

(*Il frappe à la porte d'un commissaire.*)

SCÈNE V.

SGANARELLE, UN COMMISSAIRE, UN NOTAIRE, UN LAQUAIS avec un flambeau.

LE COMMISSAIRE.

Qu'est-ce ?

SGANARELLE.

Salut, monsieur le commissaire.
Votre présence en robe est ici nécessaire ;
Suivez-moi, s'il vous plaît, avec votre clarté.

LE COMMISSAIRE.

Nous sortions...

ACTE III, SCÈNE V.

SGANARELLE.
Il s'agit d'un fait assez hâté.

LE COMMISSAIRE.
Quoi !

SGANARELLE.
D'aller là-dedans, et d'y surprendre ensemble
Deux personnes qu'il faut qu'un bon hymen assemble :
C'est une fille à nous, que, sous un don de foi,
Un Valère a séduite et fait entrer chez soi.
Elle sort de famille et noble et vertueuse,
Mais...

LE COMMISSAIRE.
Si c'est pour cela, la rencontre est heureuse,
Puisqu'ici nous avons un notaire.

SGANARELLE.
Monsieur ?

LE NOTAIRE.
Oui, notaire royal.

LE COMMISSAIRE.
De plus homme d'honneur.

SGANARELLE.
Cela s'en va sans dire. Entrez dans cette porte,
Et sans bruit ayez l'œil que personne n'en sorte :
Vous serez pleinement contentés de vos soins ;
Mais ne vous laissez pas graisser la patte, au moins.

LE COMMISSAIRE.
Comment ! Vous croyez donc qu'un homme de justice...

SGANARELLE.

Ce que j'en dis n'est pas pour taxer votre office.
Je vais faire venir mon frère promptement :
Faites que le flambeau m'éclaire seulement.
    (à part.)
Je vais le réjouir cet homme sans colère.
Holà.
    (Il frappe à la porte d'Ariste.)

SCÈNE VI.

ARISTE, SGANARELLE.

ARISTE.

Qui frappe? Ah! ah! que voulez-vous, mon frère

SGANARELLE.

Venez, beau directeur, suranné damoiseau.
On veut vous faire voir quelque chose de beau.

ARISTE.

Comment?

SGANARELLE.

    Je vous apporte une bonne nouvelle.

ARISTE.

Quoi?

SGANARELLE.

Votre Léonor, où, je vous prie, est-elle?

ARISTE.

Pourquoi cette demande? Elle est, comme je croi
Au bal chez son amie.

SGANARELLE

    Hé! oui, oui; suivez-moi

ACTE III, SCÈNE VI.
Vous verrez à quel bal la donzelle est allée.
ARISTE.
Que voulez-vous conter?
SGANARELLE.
Vous l'avez bien sty[lée]
Il n'est pas bon de vivre en sévère censeur;
On gagne les esprits par beaucoup de douceu[r]
Et les soins défiants, les verroux et les grilles
Ne font pas la vertu des femmes ni des filles
Nous les portons au mal par tant d'austérité,
Et leur sexe demande un peu de liberté.
Vraiment elle en a pris tout son soûl, la rusé[e]
Et la vertu chez elle est fort humanisée.
ARISTE.
Où veut donc aboutir un pareil entretien?
SGANARELLE.
Allez, mon frère aîné, cela vous sied fort bi[en]
Et je ne voudrais pas pour vingt bonnes pisto[les]
Que vous n'eussiez ce fruit de vos maximes fol[les]
On voit ce qu'en deux sœurs nos leçons ont pro[duit]
L'une fuit les galants, et l'autre les poursuit.
ARISTE.
Si vous ne me rendez cette énigme plus clair[e]
SGANARELLE.
L'énigme est que son bal est chez monsieur Va[lère]
Que, de nuit, je l'ai vue y conduire ses pas,
Et qu'à l'heure présente elle est entre ses bra[s]
ARISTE.
Qui?

SGANARELLE.
Léonor.
ARISTE.
Cessons de railler, je vous prie.
SGANARELLE.
Je raille... Il est fort bon avec sa raillerie !
Pauvre esprit ! Je vous dis, et vous redis encor
Que Valère chez lui tient votre Léonor,
Et qu'ils s'étaient promis une foi mutuelle
Avant qu'il eût songé de poursuivre Isabelle.
ARISTE.
Ce discours d'apparence est si fort dépourvu...
SGANARELLE.
Il ne le croira pas encore en l'ayant vu :
J'enrage. Par ma foi, l'âge ne sert de guère
Quand on n'a pas cela.
(*Il met le doigt sur son front.*)
ARISTE.
Quoi ! voulez-vous, mon frère...?
SGANARELLE.
Mon dieu ! je ne veux rien. Suivez-moi seulement ;
Votre esprit tout-à-l'heure aura contentement ;
Vous verrez si j'impose, et si leur foi donnée
N'avait pas joint leurs cœurs depuis plus d'une année.
ARISTE.
L'apparence qu'ainsi, sans m'en faire avertir,
A cet engagement elle eût pu consentir ?
Moi, qui dans toute chose ai, depuis son enfance,
Montré toujours pour elle entière complaisance,
Et qui cent fois ai fait des protestations

De ne jamais gêner ses inclinations !
SGANARELLE.
Enfin vos propres yeux jugeront de l'affaire.
J'ai fait venir déjà commissaire et notaire :
Nous avons intérêt que l'hymen prétendu
Répare sur-le-champ l'honneur qu'elle a perdu ;
Car je ne pense pas que vous soyez si lâche
De vouloir l'épouser avecque cette tache,
Si vous n'avez encor quelques raisonnements
Pour vous mettre au-dessus de tous les bernements.
ARISTE.
Moi ? Je n'aurai jamais cette foiblesse extrême
De vouloir posséder un cœur malgré lui-même.
Mais je ne saurais croire enfin...
SGANARELLE.
Que de discours !
Allons, ce procès-là continuerait toujours.

SCÈNE VII.
UN COMMISSAIRE, UN NOTAIRE, SGANARELLE, ARISTE.
LE COMMISSAIRE.
Il ne faut mettre ici nulle force en usage,
Messieurs ; et, si vos vœux ne vont qu'au mariage,
Vos transports en ce lieu se peuvent appaiser.
Tous deux également tendent à s'épouser ;
Et Valère déjà, sur ce qui vous regarde,
A signé que pour femme il tient celle qu'il garde.

ARISTE.

La fille...?

LE COMMISSAIRE.

Est renfermée, et ne veut point sortir
Que vos désirs aux leurs ne veuille consentir.

SCÈNE VIII.

UN COMMISSAIRE, UN NOTAIRE, VALÈRE, SGANARELLE, ARISTE.

VALÈRE, *à la fenêtre de sa maison.*

Non, messieurs; et personne ici n'aura l'entrée
Que cette volonté ne m'ait été montrée.
Vous savez qui je suis, et j'ai fait mon devoir
En vous signant l'aveu qu'on peut vous faire voir.
Si c'est votre dessein d'approuver l'alliance,
Votre main peut aussi m'en signer l'assurance;
Sinon, faites état de m'arracher le jour,
Plutôt que de m'ôter l'objet de mon amour.

SGANARELLE.

Non, nous ne songeons pas à vous séparer d'elle.
(*bas, à part.*)
Il ne s'est point encor détrompé d'Isabelle:
Profitons de l'erreur.

ARISTE, *à Valère.*

Mais est-ce Léonor?

SGANARELLE, *à Ariste.*

Taisez-vous.

ARISTE.

Mais...

ACTE III, SCÈNE VIII.

SGANARELLE.
Paix donc.

ARISTE.
Je veux savoir...

SGANARELLE.
Encor ?
Vous tairez-vous ? vous dis-je.

VALÈRE.
Enfin, quoi qu'il avienne,
Isabelle a ma foi ; j'ai de même la sienne,
Et ne suis point un choix, à tout examiner,
Que vous soyez reçu à faire condamner.

ARISTE, *à Sganarelle.*
Ce qu'il dit là n'est pas...

SGANARELLE.
Taisez-vous, et pour cause ;
(*à Valère.*)
Vous saurez le secret. Oui, sans dire autre chose,
Nous consentons tous deux que vous soyez l'époux
De celle qu'à présent on trouvera chez vous.

LE COMMISSAIRE.
C'est dans ces termes-là que la chose est conçue,
Et le nom est en blanc pour ne l'avoir point vue.
Signez. La fille après vous mettra tous d'accord.

VALÈRE.
J'y consens de la sorte.

SGANARELLE.
Et moi, je le veux fort.
(*à part.*)   (*haut.*)
Nous rirons bien tantôt. Là, signez donc, mon frère.

L'honneur vous appartient.

ARISTE.

Mais quoi ! tout ce mystère

SGANARELLE.

Diantre ! que de façons ! Signez, pauvre butor.

ARISTE.

Il parle d'Isabelle, et vous de Léonor.

SGANARELLE.

N'êtes-vous pas d'accord, mon frère, si c'est elle,
De les laisser tous deux à leur foi mutuelle ?

ARISTE.

Sans doute.

SGANARELLE.

Signez donc ; j'en fais de même aussi.

ARISTE.

Soit. Je n'y comprends rien.

SGANARELLE.

Vous serez éclairci.

LE COMMISSAIRE.

Nous allons revenir.

SGANARELLE, *à Ariste*.

Or çà, je vais vous dire
La fin de cette intrigue.

(*Ils se retirent dans le fond du théâtre.*)

SCÈNE IX.
LÉONOR, SGANARELLE, ARISTE
LISETTE.

LÉONOR.

O l'étrange martyre !

ACTE III, SCÈNE IX.

Que tous ces jeunes fous me paraissent fâcheux!
Je me suis dérobée au bal pour l'amour d'eux.

LISETTE.

Chacun d'eux près de vous veut se rendre agréable.

LÉONOR.

Et moi, je n'ai rien vu de plus insupportable;
Et je préférerais le plus simple entretien
A tous les contes bleus de ces diseurs de rien.
Ils croyent que tout cède à leur perruque blonde,
Et pensent avoir dit le meilleur mot du monde;
Lorsqu'ils viennent, d'un ton de mauvais goguenard,
Vous railler sottement sur l'amour d'un vieillard;
Et moi, d'un tel vieillard je prise plus le zèle,
Que tous les beaux transports d'une jeune cervelle.
Mais n'aperçois-je pas...?

SGANARELLE, *à Ariste.*

Oui, l'affaire est ainsi.
(apercevant Léonor.)
Ah! je la vois paraître, et sa suivante aussi.

ARISTE.

Léonor, sans courroux, j'ai sujet de me plaindre.
Vous savez si jamais j'ai voulu vous contraindre,
Et si plus de cent fois je n'ai pas protesté
De laisser à vos vœux leur pleine liberté :
Cependant votre cœur, méprisant mon suffrage,
De foi comme d'amour à mon insu s'engage.
Je ne me repens pas de mon doux traitement :
Mais votre procédé me touche assurément;
Et c'est une action que n'a pas méritée
Cette tendre amitié que je vous ai portée.

LÉONOR.

Je ne sais pas sur quoi vous tenez ce discours:
Mais croyez que je suis la même que toujours,
Que rien ne peut pour vous altérer mon estime,
Que toute autre amitié me paraîtrait un crime,
Et que, si vous voulez satisfaire mes vœux,
Un saint nœud dès demain nous unira tous deux.

ARISTE.

Dessus quel fondement venez-vous donc, mon frère..?

SGANARELLE.

Quoi! vous ne sortez pas du logis de Valère?
Vous n'avez point conté vos amours aujourd'hui?
Et vous ne brûlez pas depuis un an pour lui?

LÉONOR.

Qui vous a fait de moi de si belles peintures,
Et prend soin de forger de telles impostures?

SCÈNE X.

ISABELLE, VALÈRE, LÉONOR, ARISTE, SGANARELLE, UN COMMISSAIRE, UN NOTAIRE, LISETTE, ERGASTE.

ISABELLE.

Ma sœur, je vous demande un généreux pardon,
Si de mes libertés j'ai taché votre nom.
Le pressant embarras d'une surprise extrême
M'a tantôt inspiré ce honteux stratagème:
Votre exemple condamne un tel emportement;
Mais le sort nous traita tous deux diversement.

ACTE III, SCÈNE X.

(*à Sganarelle.*)
Pour vous, je ne veux point, monsieur, vous faire excuse;
Je vous sers beaucoup plus que je ne vous abuse.
Le ciel pour être joints ne nous fit pas tous deux;
Je me suis reconnue indigne de vos feux;
Et j'ai bien mieux aimé me voir aux mains d'un autre,
Que ne pas mériter un cœur comme le vôtre.

VALÈRE, *à Sganarelle.*
Pour moi, je mets ma gloire et mon bien souverain
A la pouvoir, monsieur, tenir de votre main.

ARISTE.
Mon frère, doucement il faut boire la chose :
D'une telle action vos procédés sont cause;
Et je vois votre sort malheureux à ce point,
Que, vous sachant dupé, l'on ne vous plaindra point.

LISETTE.
Par ma foi, je lui sais bon gré de cette affaire;
Et ce prix de ses soins est un trait exemplaire.

LÉONOR.
Je ne sais si ce trait se doit faire estimer,
Mais je sais bien qu'au moins je ne le puis blâmer.

ERGASTE.
Au sort d'être cocu son ascendant l'expose;
Et ne l'être qu'en herbe est pour lui douce chose.

SGANARELLE, *sortant de l'accablement dans lequel il était plongé.*
Non, je ne puis sortir de mon étonnement.
Cette ruse d'enfer confond mon jugement;
Et je ne pense pas que Satan en personne

Puisse être si méchant qu'une telle fripponne.
J'aurais pour elle au feu mis la main que voilà.
Malheureux qui se fie à femme après cela !
La meilleure est toujours en malice féconde ;
C'est un sexe engendré pour damner tout le monde
Je renonce à jamais à ce sexe trompeur,
Et je le donne tout au diable de bon cœur.

ERGASTE.

Bon.

ARISTE.

Allons tous chez moi. Venez, seigneur Valère
Nous tâcherons demain d'appaiser sa colère.

LISETTE, *au parterre*.

Vous, si vous connaissez des maris loups-garous,
Envoyez-les au moins à l'école chez nous.

FIN DE L'ÉCOLE DES MARIS.